Quand l'État se mêle de l'Histoire

DU MÊME AUTEUR

Les Droites aujourd'hui, L. Audibert, 2005.

L'Invention de la laïcité française, Bayard, 2005.

Le Siècle dernier : 1918-2002, Fayard, 2003.

Une mémoire française, Desclée de Brouwer, 2002.

Du Mur de Berlin aux tours de New York : douze ans pour changer de siècle, Bayard, 2002.

Regard sur le siècle, Presses de Sciences Po, 2000.

La politique est-elle intelligible ?, Éditions Complexe, 1999.

Religion et société en Europe aux XIXe et XXe siècles. Essai sur la sécularisation, Éditions du Seuil, 1998.

Le Fichier juif, rapport de la commission présidée par René Rémond, Plon, 1996.

Touvier et l'Église, rapport de la commission historique instituée par le cardinal Decourtray, Fayard, 1992.

La politique n'est plus ce qu'elle était, Calmann-Lévy, 1992.

René Rémond

Quand l'État se mêle de l'Histoire

Entretiens avec François Azouvi

Stock

Les essais

Collection dirigée par
François Azouvi

I

Comment en est-on venu là ?

François Azouvi – Le 13 décembre 2005, vous avez cosigné avec plusieurs de vos collègues historiens une pétition demandant l'abrogation de toutes les lois relatives à l'histoire – on a pris l'habitude de les nommer « lois mémorielles » –, c'est-à-dire de la loi Gayssot du 13 juillet 1990 concernant la Shoah, de la loi du 29 janvier 2001 relative à la reconnaissance du génocide arménien de 1915, de la loi dite Taubira sur la traite négrière, et enfin de l'article 4 de la loi du 23 février 2005 reconnaissant un « rôle positif » à la présence française outre-mer.

Cette pétition résulte directement de l'indignation suscitée par la mise en accusation de l'historien Olivier Pétré-Grenouilleau, auteur d'un livre trois fois primé sur les traites négrières[1],

1. Olivier Pétré-Grenouilleau, *Les Traites négrières. Essai d'histoire globale*, Gallimard, 2004.

auquel il a été reproché de contester l'appellation de génocide appliquée à l'esclavage.

Ce n'est pas la première fois qu'émerge ainsi le problème lié à la constitution en délit d'une opinion relative à un point d'histoire, exception faite du cas, simple sur le plan de la déontologie, du « négationnisme » (j'entends par là, selon l'usage, la négation des chambres à gaz et de l'extermination systématique des Juifs) : je fais allusion ici à la condamnation en 1995 par le tribunal de grande instance de Paris de l'historien américain Bernard Lewis, islamologue, pour avoir refusé de qualifier de génocide le massacre des Arméniens par les Turcs en 1915. Mais cette fois, sans doute, l'accusation a davantage choqué en raison du caractère historiquement incontestable de la thèse incriminée. S'il y a débat sur le caractère génocidaire du massacre des Arméniens, il n'y a pas débat, chez les historiens, sur les faits et les conclusions incriminées dans le cas de l'affaire Pétré-Grenouilleau. Aussi la communauté des historiens s'est-elle légitimement émue, au point, donc, que certains d'entre eux et non des moindres ont décidé de porter le problème au grand jour. J'ajoute d'ailleurs que le collectif des Antillais-Guyanais-Réunionnais qui avait attaqué Pétré-Grenouilleau a décidé, le 3 février 2006, de retirer sa plainte, en partie à cause de l'émoi suscité par la pétition des historiens.

Il n'est pas douteux que la promulgation des lois

mémorielles, qui constitue dans la seconde moitié du XXe siècle une nouveauté absolue[1], s'inscrit dans un contexte historique déterminé, qu'il vaut la peine de rappeler. Ce sont les crimes nazis qui ont, dès Nuremberg, conduit à l'adoption de la notion de crime contre l'humanité ; et c'est le génocide des Juifs, beaucoup plus tardivement amené au-devant de la conscience des peuples occidentaux, qui a produit le bouleversement à la fois mémoriel et juridique dont la loi Gayssot a été la conséquence.

René Rémond – En France, ce sont les procès Barbie, Touvier et Papon qui ont ramené sur le devant de la scène un passé redevenu soudain très présent. La chronologie ici n'est pas indifférente. L'affaire Papon a débuté en 1981 avec la publication par *Le Canard enchaîné* de documents sur les rafles, signés du préfet de la Gironde dont Papon était le secrétaire général. Après de multiples rebondissements, la condamnation de

1. Arno Klarsfeld le conteste dans une tribune du *Monde*, « L'histoire n'appartient pas aux historiens », 28 janvier 2005, p. 21. Mais les exemples qu'il invoque (ordonnance du 19 janvier 1816 pour commémorer les victimes de la Révolution, loi de 1825 sur le « milliard des émigrés », jusqu'à la loi du 7 juillet 1880 instaurant le 14 Juillet comme date de la fête nationale) ne sont pas de même nature que les lois « mémorielles » dont il sera question ici. Elles sont toutes de commémoration, de célébration ou d'indemnisation ; elles ne se placent pas sur le plan du jugement historique. Le législateur ne sort pas de son rôle en instaurant une date commémorative.

Maurice Papon n'interviendra qu'en 1998. L'affaire Barbie, en revanche, a été beaucoup plus rapide: arrêté en 1983, le tortionnaire de Jean Moulin est condamné en juillet 1987. L'affaire Touvier me paraît peut-être plus directement encore corrélée avec la promulgation de la loi Gayssot.

F. Azouvi – Quand l'affaire Touvier a-t-elle débuté ?

R. Rémond – Je connais bien cette histoire, pour avoir travaillé près de trois années avec la commission d'historiens instituée par le cardinal Decourtray pour tirer au clair les relations éventuelles entre Touvier et l'Église. Cette histoire est incroyablement longue puisque, dans le cadre de juridictions exceptionnelles, Touvier avait été condamné à mort en 1946 pour ses agissements comme chef du deuxième bureau de la Milice dans la région Rhône-Alpes : la cour de sûreté de Chambéry pour la Savoie et celle de Lyon pour le Rhône l'avaient jugé par contumace, puisqu'il avait déjà pris la fuite pour ce qui allait devenir l'une des plus longues cavales de l'histoire. Il avait disparu dès septembre 1944, lors de la libération de Lyon. Sous le coup d'un mandat d'arrêt, il vivait depuis caché. Il avait pourtant un moment été arrêté et interrogé une première fois rue des Saussayes, mais s'était échappé à l'heure du déjeuner sans qu'on ait jamais pu savoir s'il y avait eu négligence ou complicité. Il a ensuite trouvé refuge dans plusieurs abbayes, mais a vécu la plupart du temps reclus chez lui à Chambéry. Des démarches ont été effectuées auprès du général de Gaulle pour obtenir sa grâce, qui a été refusée. Pompidou a néanmoins relevé l'ancien milicien de ses peines subsidiaires, comme l'interdiction de séjour dans la région parisienne. C'était donc loin d'être une réhabilitation : elle a cependant provoqué de très vives réactions de la part des victimes de Touvier et chez les anciens résistants. Le débat public des années cinquante, relativement faible, et qui ne portait que sur les mesures d'amnistie, s'en est trouvé relancé. Pompidou a même dû s'en expliquer au cours d'une conférence de presse en 1972.

Après cet épisode, Touvier a été « logé » par un journaliste de *L'Express* dans sa maison de Chambéry, mais a replongé dans la clandestinité. Commença alors pour lui, dépourvu de domicile fixe, la partie la plus pénible de sa cavale. La ténacité de quelques officiers de gendarmerie a abouti à le localiser en 1989 dans un prieuré intégriste niçois. Par prudence, les policiers n'ont prévenu personne et ont cueilli Touvier au petit matin. L'instruction a duré près de quatre années, notre commission poursuivant parallèlement son travail. L'affaire a réveillé des passions anciennes, la postérité de l'extrême droite vichyssoise le soutenant. À l'image de son avocat, la vieille droite contre-révolutionnaire faisait bloc.

F. Azouvi – 1989, Touvier est arrêté. 1990, la loi Gayssot est promulguée. Mais avant qu'elle ne le soit, Charles Pasqua, alors ministre de l'Intérieur, avait déjà proposé une modification de la loi de 1881 sur la liberté de la presse, pour introduire le « délit de négation des crimes contre l'humanité ». Un an plus tard, c'était au tour du socialiste Georges Sarre de présenter un autre projet visant ceux qui « portent atteinte à la mémoire ou à l'honneur des victimes de l'holocauste nazi en tentant de le nier ou d'en minimiser la portée ». La loi Gayssot de 1990 a donc été le résultat d'un assez long processus, en tout cas elle n'a pas surgi *ex abrupto*.

R. Rémond – La corrélation avec le déroulement de l'affaire Touvier est néanmoins très forte, même si ce n'est évidemment pas le seul élément à faire intervenir. Qu'on se souvienne, son arrestation en 1989 a surpris : comment cet homme avait-il pu tenir la justice en échec plus de quarante années ? On soupçonnait des connivences et des complicités. C'est pourquoi le cardinal Decourtray a estimé nécessaire de mener une enquête sur le rôle de l'Église dans cette affaire.

Cette loi visait aussi à mettre Jean-Marie Le Pen en difficulté en l'empêchant d'énoncer ses contre-vérités comme autant d'évidences. Du reste, n'est-ce pas parce qu'il voulait embarrasser Le Pen que Gayssot, député communiste, a présenté cette loi à l'Assemblée ? Jusqu'alors le parti communiste ne s'était pas signalé sur ce thème par un zèle particulier.

F. Azouvi – Vous venez de faire allusion aux déclarations négationnistes de Le Pen ; elles constituent certainement la cause immédiate de la loi Gayssot. Il faut aussi verser au dossier les nombreuses provocations de ce type faites par des enseignants de l'université de Lyon III.

Je crois utile de citer le libellé de la loi Gayssot : « Seront punis des peines prévues par le sixième alinéa de l'article 24 [à savoir un emprisonnement d'un an et une amende de quarante-cinq mille euros ou l'une de ces deux peines seulement] ceux qui auront contesté [...] l'existence d'un ou plusieurs crimes contre l'humanité tels qu'ils sont définis par l'article 6 du statut du tribunal militaire international annexé à l'accord de Londres du 8 août 1945 et qui ont été commis soit par les membres d'une organisation déclarée criminelle en application de l'article 9 dudit statut, soit par une personne reconnue coupable de tels crimes par une juridiction française ou internationale. »

En face du négationnisme, quel était votre sentiment dans ces années antérieures à la promulgation de la loi Gayssot ?

R. Rémond – Un chapelet d'événements épars, comme la thèse d'Henri Roques en 1985, acceptée par un jury de complaisance puis annulée l'année suivante pour vice de forme, contribuait à donner le sentiment qu'émergeait une contestation radicale des vérités communément admises, sur lesquelles aucun vrai débat n'était historiquement défendable. Le négationnisme m'a toujours laissé perplexe sur ses motivations, ses quelques porte-parole me paraissant relever de la pathologie : les rares contacts personnels avec Robert Faurisson m'ont donné le sentiment d'avoir affaire à un illuminé en proie à une obsession.

F. Azouvi – Lorsque la loi Gayssot a été promulguée, qu'en avez-vous pensé ?

R. Rémond – Sur le moment, elle ne m'a pas vraiment fait question. Je n'étais pas certain que cette loi constituait un très bon moyen de lutter contre les négationnistes, mais je n'étais pas aussi déterminé dans sa récusation que plusieurs de mes collègues, dont Madeleine Rebérioux, alors présidente de la Ligue des Droits de l'homme : tant comme historienne que comme présidente d'une association qui avait pour raison d'être la défense des libertés, elle était catégoriquement hostile à cette disposition[1]. Je rends aujourd'hui justice à sa clairvoyance. Elle craignait en effet que cette loi

1. Madeleine Rebérioux, « Le génocide, le juge et l'historien », *L'Histoire*, n° 138, novembre 1990, pp. 92-94.

n'amorce un processus dont les conséquences risquaient d'être préjudiciables à la liberté de la recherche et à la liberté d'expression et elle avait des doutes sur sa pertinence dans une société démocratique. La même question vaut pour toute mesure d'exception dans un État de droit : pourquoi ne pas régler les problèmes même les plus délicats par le recours à des dispositions générales ? Des mesures spécifiques sont-elles vraiment nécessaires ? Je suis par principe réservé à l'égard des lois d'exception, mais peut-être est-ce utopique.

F. Azouvi – Qu'existait-il avant la loi Gayssot comme dispositifs législatifs de nature à empêcher la promulgation d'opinions extrêmes ?

R. Rémond – Au premier chef, la grande loi sur la presse de 1881 : article 32 sur la diffamation raciale, article 33 sur l'injure raciale, article 24 sur la provocation à la haine raciale et sur l'apologie des crimes de guerre et des délits de collaboration avec l'ennemi. Mais il y a aussi l'article 1382 du Code civil (responsabilité pour « faute morale », imprescriptible pendant trente ans). La loi de 1881 a été renforcée en plusieurs circonstances. Il y eut d'abord en 1894 les lois dirigées contre la propagande anarchiste et qualifiées par l'opposition de gauche de « scélérates », pour les mêmes raisons que celles qui dictaient à Madeleine Rebérioux son opposition à la loi Gayssot. L'aggravation de la qualification des faits et l'alourdissement des sanctions se sont renforcés en matière de diffamation à la suite de l'affaire Salengro en 1936 : la cabale menée par *Gringoire* contre le maire de Lille, ministre de l'Intérieur, avait profondément choqué. Il s'agissait d'éviter qu'une nouvelle campagne de presse n'accule un homme politique au suicide. De l'atteinte à l'honneur des personnes, on a ensuite glissé progressivement à la répression de l'incitation à la haine, et c'est alors qu'on a commencé de prendre en compte les demandes de catégories particulières.

F. Azouvi – Après la Seconde Guerre mondiale, certainement ?

R. Rémond – Oui, des fractions de la population ont été distinguées et érigées en entités pour bénéficier indirectement d'une protection ciblée, tradition qui se perpétue aujourd'hui par les lois sur la parité des sexes ou la répression de l'homophobie. C'est par là que notre débat déborde sur celui du communautarisme. Certaines périodes exigent peut-être une législation *ad hoc,* pour ne pas laisser l'impunité aux contrevenants. Personnellement, je reste réservé à l'égard d'une législation sur les sectes, dont la définition reste délicate. Elle pourrait devenir l'instrument d'une politique arbitraire. Les reproches faits aux sectes portent sur des atteintes aux bonnes mœurs, des escroqueries ou des séquestrations de personnes. Toutes choses qui sont déjà sanctionnées par la loi. Pourquoi ne pas se contenter de son application ? Est-il vraiment nécessaire de créer un délit de secte ?

La loi Gayssot a au moins le mérite de ne pas avoir bénéficié d'une procédure d'urgence ; elle a fait la navette entre l'Assemblée et le Sénat et, dans chacune des deux instances, elle a été étudiée par les commissions compétentes. Elle n'a pas soulevé d'opposition, en dehors de celle du Front national et de l'extrême droite qu'elle visait, et a été adoptée à une très large majorité dans des conditions dont la régularité ne prête pas à contestation. Elle a été examinée par le Conseil d'État, à la différence des textes plus récents, qui n'ont pas été passés au crible juridique et pour lesquels la délibération a été réduite. Si nous demandons l'abrogation de la loi Gayssot, nous ne méconnaissons pas la légitimité des motivations qui ont inspiré son adoption. Elle répond à un vrai problème, mais il n'est pas certain que sa réponse soit la plus pertinente.

F. Azouvi – Quels sont les grands délits « révisionnistes », comme on disait alors, qui ont été traités avant 1990 dans le cadre de la législation antérieure à la loi Gayssot ?

R. Rémond – Les principaux sont ceux de Maurice Bardèche, auteur en 1948 de *Nuremberg ou la*

Terre promise, de Paul Rassinier, qui a écrit *Le Véritable Procès Eichmann ou les vainqueurs incorrigibles*, de Robert Faurisson, qui a dit notamment que « les prétendues chambres à gaz hitlériennes et le prétendu génocide des Juifs form[aient] un seul et même mensonge historique », et, bien entendu, de Jean-Marie Le Pen, avec son fameux propos sur le « point de détail ». Ces dernières affaires ont été jugées sur le fondement de l'article 1382 du Code civil[1].

F. Azouvi – Dispose-t-on d'une évaluation des délits que la loi Gayssot a permis de sanctionner ? A-t-elle été efficace ?

R. Rémond – Elle a certes obtenu des résultats : elle a permis d'engager des poursuites et entraîné d'autres condamnations de Jean-Marie Le Pen. Je me souviens avoir témoigné une fois contre lui dans un procès pour diffamation à la demande de Jean Kahn devant la dix-septième chambre correctionnelle. Cette loi faisait incontestablement référence pour l'instance judiciaire. Elle a également permis la levée de l'immunité du président du Front national par le Parlement européen. De même pour Bruno Gollnisch. Elle a donc fait la

1. Je me réfère à la thèse de droit de Carole Vivant, « L'historien saisi par le droit. Contribution à l'étude des droits de l'histoire », soutenue à Montpellier I le 6 décembre 2005.

preuve de son efficacité, et ces services rendus en confirment la légitimité dans l'esprit de ses défenseurs. Je conçois donc qu'ils soient troublés par notre demande d'abrogation, mais je pense que nous avons fait un choix logique qui vise à maintenir la cohérence de notre proposition.

F. Azouvi – La France est-elle le seul pays à avoir promulgué une loi de ce type ?

R. Rémond – Non. Pour d'évidentes raisons, l'Allemagne et l'Autriche ont adopté des dispositions similaires. Mais il n'existe rien de tel, que je sache, par exemple en Grande-Bretagne, en Italie, aux Pays-Bas, en Espagne ou aux États-Unis.

F. Azouvi – Peut-on dire alors que le négationnisme serait une spécificité française ?

R. Rémond – Assurément non. Il emprunte une partie de ses références aux travaux d'historiens anglo-saxons, peu connus en France, et dont Robert Faurisson m'a envoyé certains anonymement. Je souligne que ce ne sont pas des historiens de pays vaincus, mais qu'il s'agit de Britanniques et d'Américains. Il convient néanmoins de préciser qu'en France le négationnisme comme tel, même s'il a beaucoup fait parler de lui, n'a jamais représenté une opinion très répandue.

F. Azouvi – Y a-t-il eu quelque chose de comparable dans la seconde moitié du XXe siècle à l'égard des exactions perpétrées par les Japonais avant et pendant la Seconde Guerre mondiale ?

R. Rémond – Pas à ma connaissance. De temps à autre, on a rendu compte du refus catégorique des autorités japonaises de reconnaître leur passé, et de ses conséquences dans les opinions chinoise et coréenne. Mais, mises à part quelques brèves allusions dans la presse, cette question n'a jamais trouvé d'écho profond en France dans l'opinion ni de relais auprès d'associations ou d'institutions. Peut-être parce que la guerre contre le Japon a été occultée chez nous par la guerre d'Indochine.

F. Azouvi – Elle ne l'a pas été aux États-Unis, tout de même !

R. Rémond – Non, effectivement. Mais les États-Unis avaient été directement engagés dans le conflit avec le Japon. Tout bien considéré, il me semble que le problème de la mémoire et de la responsabilité est principalement un problème européen.

F. Azouvi – ... et qu'il n'émerge pas au niveau politique, sinon avec le Front national. Car, autrement, les propos négationnistes de tel ou tel enseignant de Lyon III restaient connus à l'intérieur de la seule sphère universitaire.

R. Rémond – Le négationnisme joue un rôle politique, mais je doute qu'il trouve des répercussions profondes dans l'opinion commune. Il concerne essentiellement des intellectuels, ou des minorités. Le plus troublant est que cette conviction d'une certaine extrême droite ait trouvé des connivences à l'extrême gauche, en particulier chez les trotskistes. La Vieille Taupe a été l'un de ses vecteurs de diffusion. Une fois de plus, on a vérifié l'existence d'affinités entre les deux extrêmes : le populisme établit entre eux un trait d'union… Cette conjonction de mouvements réactionnaires et révolutionnaires est fascinante.

F. Azouvi – Mais c'est aussi une vieille tradition : l'extrême gauche du XIXe siècle a souvent été antisémite…

R. Rémond – On l'avait peut-être trop oublié : par anticapitalisme, une expression du socialisme a viré à l'antisémitisme. Le négationnisme a, ainsi, instauré une convergence entre deux courants de pensée qui n'avaient rien en commun, sinon la détestation du libéralisme, de la démocratie et de l'État de droit. N'oublions pas que les Juifs ont été considérés par certains comme les inspirateurs du régime démocratique.

F. Azouvi – Revenons, si vous le voulez bien, à notre mise en perspective historique des événements de 2005. À la loi Gayssot a succédé un long temps de latence pendant lequel les revendications identitaires et communautaires ont continué de monter en puissance et avec elles l'instauration d'une politique de la reconnaissance. Il me semble que peut être placée dans cette séquence celle par le président Chirac des crimes de Vichy...

R. Rémond – De fait, la déclaration de Jacques Chirac le 16 juillet 1995 s'inscrit dans ce mouvement général, mais elle en est une autre modalité. La loi Gayssot sanctionnait le négationnisme, la déclaration du président de la République est, elle, un acte positif de reconnaissance de responsabilité. L'une et l'autre se réfèrent au devoir de mémoire : la déclaration présidentielle procède de l'idée qu'un peuple se grandit en reconnaissant ses fautes. Dans le premier cas, on érige une norme répressive, dans le second ce n'est qu'une déclaration, mais, en la circonstance, la parole vaut acte, elle est aveu et réparation. L'appréciation de ces deux textes ne saurait donc être la même, bien que l'un et l'autre fassent référence aux mêmes événements et aux mêmes crimes.

F. Azouvi – En 1995, il me semble que François Mitterrand avait été interrogé sur la déclaration de repentance de Jacques Chirac…

R. Rémond – Il s'était toujours refusé à reconnaître une quelconque responsabilité des autorités françaises dans la participation aux actes criminels du IIIe Reich.

F. Azouvi – À ce moment-là, son amitié pour René Bousquet était-elle connue ?

R. Rémond – Le livre de Pierre Péan qui révélait que François Mitterrand avait conservé des relations amicales avec l'ancien secrétaire d'État de Vichy a été publié alors que Mitterrand était encore à l'Élysée. Si François Mitterrand s'est toujours refusé à reconnaître la responsabilité des autorités françaises, ce n'est pas, comme certains l'ont cru, seulement à cause de son propre passé : je crois qu'il estimait sincèrement que, la République étant alors suspendue, le gouvernement de Vichy ne représentait pas la France et qu'en conséquence celle-ci n'avait pas à faire acte de repentance. De fait, si l'État français et son administration ont apporté leur concours à l'exécution du plan d'extermination des Juifs, la société française n'était pas pour autant engagée ni solidaire et peut-être cette distinction entre l'État et la société n'avait-elle pas toujours été suffisamment marquée. Le livre de Paxton qui a fait date en apportant la preuve de la complicité de Vichy n'est pas responsable de cette confusion, mais les médias n'ont pas toujours fait la distinction et ont parfois conclu de l'implication du régime de Vichy à la culpabilité de la société française, en omettant de dire que, si la France est le pays où la proportion de Juifs qui ont survécu à la persécution a été le plus élevé, c'est bien parce que les Français n'ont pas suivi le gouvernement de l'époque. Serge Klarsfeld a toujours souligné ce fait et énoncé la distinction entre le gouvernement et les Français : il n'y avait donc pas lieu de faire le procès des Français mais celui d'un régime. À cet égard, la position adoptée par Jacques Chirac en 1995 est assez équilibrée.

F. Azouvi – … alors que la façon dont Mitterrand se défaussait en invoquant la rupture du gouvernement républicain ne vous satisfaisait pas…

R. Rémond – Parce que l'argument selon lequel, Vichy n'étant pas la République, la France n'était pas impliquée, me paraissait relever du nominalisme. Il n'était pas niable qu'un secrétaire d'État du gouvernement de l'époque, qui avait l'apparence de la légalité même s'il n'était pas légitime, avait apporté son concours à l'exécution d'un crime. On peut observer que si René Bousquet a mis les forces de police au service des autorités allemandes, ce fut dans une intention présumée patriotique : laisser les Allemands opérer seuls sur le territoire français, c'eût été à ses yeux abdiquer sa souveraineté tandis qu'en intervenant on préservait les prérogatives de l'État. Mais on se rendait ce faisant complice d'un crime. C'est ainsi que les meilleures intentions peuvent conduire à des actions criminelles.

Pour en revenir à la position personnelle de François Mitterrand, permettez-moi d'évoquer un souvenir personnel. C'était en septembre 1994. Dans le tohu-bohu provoqué par les « révélations » de Pierre Péan, je me suis trouvé indirectement engagé dans une polémique sur le gouvernement de Vichy par une interview de l'historien israélien Zeev Sternhell dans *Le Monde.* J'étais alors hors de France. À peine rentré, j'ai été appelé au téléphone par Hubert Védrine, secrétaire général de l'Élysée, qui me faisait part du souhait du président de la République de me recevoir. L'audience a eu lieu le surlendemain et François Mitterrand m'a retenu plus d'une heure, essentiellement pour s'expliquer sur ses sentiments et son comportement à son retour de captivité. Il ne m'a fait aucune révélation. Il ne m'a rien appris qu'on ne sût déjà, mais ses confidences m'ont aidé à comprendre son état d'esprit. « Je me suis évadé en décembre 1941, m'a-t-il dit. Après avoir franchi la ligne de démarcation, en m'accueillant on m'a fait savoir que mon évasion me donnait droit à une prime : comment aurais-je pu penser qu'un gouvernement qui récompensait ainsi un acte patriotique était au service de l'ennemi ? » Quant à son engagement dans la Résistance, lui-même reconnaissait qu'il n'avait pas été immédiat. À ma question : « Le retour au pouvoir de Pierre Laval, en avril 1942, imposé par les autorités d'occupation, ne vous a-t-il pas posé un problème de conscience ? » François Mitterrand m'a répondu sans un instant d'hésitation : « Non. » Et je me suis rendu compte dans la suite de notre conversation que l'entrée des Allemands en zone libre le 11 novembre 1942 avait probablement précipité son passage à la clandestinité, l'ancien prisonnier évadé se trouvant désormais dans une situation irrégulière. De surcroît, son jugement sur le gouvernement s'était durci entre le mois d'avril et le mois de novembre.

F. Azouvi – Vous avez donc un jugement positif sur la déclaration de repentance de 1995. Selon vous, qu'a-t-elle changé ?

R. Rémond – Elle a marqué un tournant décisif. Elle a à la fois dissipé un malentendu et tranché un débat. La collaboration de l'État français à la persécution des Juifs appelait sans aucun doute condamnation. Au reste elle n'a pas suscité de contestation à l'exception d'une poignée de négationnistes. La vérité objective établie par les historiens était officialisée par les pouvoirs publics. Mais elle a eu d'autres conséquences moins heureuses : elle a suscité de la part d'autres communautés qui avaient souffert de l'histoire des demandes de reconnaissance et de réparation. Ces demandes s'inscrivent par ailleurs dans un mouvement de longue durée qui vise à réécrire l'histoire en fonction des minorités oubliées qui peuvent être des populations massives, le prolétariat des ouvriers d'industrie, la partie féminine de la population, les minorités sexuelles ou ethniques... Nous avons aujourd'hui une vision plus complexe de la société qui prend en compte la pluralité de ses composantes et refuse de réduire l'histoire aux élites politiques ou culturelles. La revendication actuelle des Noirs s'inscrit très précisément dans ce mouvement.

F. Azouvi – Faut-il voir dans ces demandes de reconnaissance les ultimes développements du principe d'égalité, dans une perspective qu'on dirait tocquevillienne ?

R. Rémond – De nos jours, toute inégalité est ressentie comme une injustice et appelle rectification ou compensation, l'idée de discrimination positive étant éminemment le symptôme de cet état d'esprit. Réparer l'injustice est aujourd'hui un impératif. La revendication des descendants d'esclaves se situe au point de convergence de ces différents processus.

F. Azouvi – Pensez-vous que d'autres événements ont préparé la promulgation des dernières lois mémorielles ? Faut-il invoquer un progrès de la conscience occidentale, avec ce que cette formule peut avoir de pompeux ?

R. Rémond – Il s'agit bien d'un phénomène universel. L'aspiration à la justice a pris aujourd'hui une dimension planétaire. Elle vise à institutionnaliser et à généraliser ce qui a été fait pour la première fois avec le tribunal de Nuremberg : l'instauration d'une juridiction devant laquelle les responsables politiques peuvent être appelés à rendre des comptes. Ainsi la condamnation pour crimes de guerre, la sanction pour crimes contre l'humanité ne resteraient pas un événement unique dont la légitimité pouvait être contestée, au motif que c'étaient les vainqueurs qui jugeaient les vaincus. La première application a eu lieu avec la création d'un tribunal spécial pour poursuivre les auteurs de crimes commis dans les guerres qui ont marqué la dislocation de la Yougoslavie. Ce tribunal a fonctionné, prononcé des inculpations, jugé des coupables, imposé des sanctions. La procédure s'est ensuite étendue au Rwanda. Surtout, le fait majeur à cet égard a été le traité signé à Rome en 2002 par lequel les Nations unies instituaient une cour pénale à compétence universelle indépendante et habilitée à poursuivre les chefs d'État ou de gouvernement coupables de crimes. En dépit des pressions exercées par les États-Unis pour faire obstacle à la mise en place de cette instance, plus de cent États, le Mexique étant le dernier en date, ont aujourd'hui ratifié ce traité. C'est une initiative de portée historique : c'est le signe que l'opinion générale professe que la politique est sujette à une appréciation morale et que la raison d'État ne peut pas justifier n'importe quoi. C'est assurément une étape importante dans la naissance d'une conscience morale universelle. Si cette évolution ne nous concerne pas directement, elle contribue à tracer un cadre dans lequel les demandes de réparation trouvent comme une confirmation. En toute hypothèse, notre contestation des lois mémorielles ne doit pas remettre en cause ce qu'il y a de positif dans cette aspiration générale à une justice universelle : cette victoire de la morale sur le machiavélisme ou le cynisme est trop importante.

La loi sur le génocide arménien s'inscrit évidemment dans cette problématique.

F. Azouvi – Elle a été promulguée le 29 janvier 2001. Elle consiste en un article unique, ainsi libellé : « La France reconnaît publiquement le génocide arménien de 1915. La présente loi sera exécutée comme loi de l'Etat. »

R. Rémond – C'était l'aboutissement d'une longue action des Arméniens de France.

Certains Arméniens avaient tenté d'obtenir cette reconnaissance en recourant au terrorisme : en France, un ambassadeur turc avait même été assassiné par un commando. Les Arméniens de France, qui sont assez nombreux, en particulier à Marseille, à Vienne, à Lyon, ont, eux, pratiqué une action de lobbying en direction des parlementaires. C'était pour eux un devoir de piété et une exigence de réparation. La demande était très différente de celle des Juifs. Il n'y avait pas à demander aux Français de reconnaître une quelconque responsabilité, moins encore de faire repentance. L'objectif était d'obtenir une condamnation de la Turquie pour ce que leurs parents ou grands-parents avaient souffert de la part de l'Empire ottoman. Le désir de nombreux parlementaires de donner satisfaction à leurs électeurs, la réprobation des massacres de 1915, l'opposition aussi de certains à l'admission de la Turquie dans l'Union européenne, stimulée par les manifestations de rue des activistes arméniens, ont abouti à l'adoption de ce texte singulier par lequel la France affirme le caractère génocidaire des massacres de 1915 sans désigner le coupable.

En reconnaissant le génocide, le Parlement tranchait un débat sur lequel les historiens sont partagés. Certains doutent qu'aient été réunies les conditions fixées par la définition du génocide, à savoir une intentionnalité explicite visant à une extermination systématique en raison de l'appartenance des victimes à une ethnie déterminée. Est-ce le rôle des représentants de la nation de se prononcer dans un tel débat ? Sont-ils qualifiés à cette fin ? Leur position doit-elle prendre la forme d'une loi ? Autant de questions que nous retrouverons à propos des autres lois mémorielles. Sans compter qu'à multiplier les qualifications de génocide on risque d'effacer le caractère exceptionnel de la Shoah. C'est indirectement faire le jeu des négationnistes en diluant la spécificité du crime nazi dans une multiplicité de massacres.

Quant à l'affirmation que cette loi sera exécutée comme loi de l'État, quelle est sa signification et quelles peuvent être ses conséquences ? Elle peut permettre de poursuivre en justice un enseignant, un chercheur, un journaliste ou un homme politique qui douterait du caractère génocidaire des massacres et qui se trouverait de ce fait en infraction. Au surplus, en se prononçant sur des faits où la France n'était aucunement impliquée, on s'engage dans une voie où les pouvoirs publics peuvent être amenés à porter des jugements sur toutes sortes d'événements étrangers.

F. Azouvi – Par exemple sur le massacre des Indiens des États-Unis ! En outre, cette loi s'appliquant uniquement sur le territoire français, et pas en Turquie, un historien turc conserve le droit de dire qu'il n'y a pas eu de génocide des Arméniens !

R. Rémond – Effectivement. À vrai dire, ce n'est pas la première fois qu'un texte impute à un État la responsabilité d'actes contraires à l'humanité. Il y avait un peu de cela dans l'article 231 du traité de Versailles, qui imputait au gouvernement allemand la responsabilité exclusive du déclenchement de la Grande Guerre. C'est d'ailleurs cet article, que les signataires allemands ont été mis en demeure de signer et qui établissait leur culpabilité, qui a valu au traité le surnom de diktat et qui a contribué à empoisonner les relations franco-allemandes.

F. Azouvi – ... et nourri la haine allemande à l'égard des Alliés. La loi sur le génocide arménien me semble décidément bien singulière. Quelles ont été les conditions de son adoption ? Comment a-t-elle pu s'imposer ? Car, à la différence des lois sur la colonisation, la France n'était en rien impliquée.

R. Rémond – Non. Mais elle avait une longue tradition d'amitié avec le peuple arménien dont les sympathies allaient aux Alliés alors que la Turquie était dans le camp ennemi. La solidarité confessionnelle a dû jouer aussi entre confessions chrétiennes contre l'Islam. La France a accueilli de nombreux réfugiés qui se sont fort bien intégrés à la société.

F. Azouvi – Continuons notre rétrospective des lois mémorielles. Sont ensuite apparues les lois récentes sur la traite négrière et sur la colonisation. Dans quel contexte général les inscrivez-vous ? Les problèmes de la décolonisation ? Le souvenir de l'Algérie ?

R. Rémond – Le contexte est assurément celui de la dislocation de l'Empire colonial français. De ce fait, les revendications à propos de la traite et de l'esclavage sont inséparables du débat plus ancien, plus ample, plus fondamental sur le fait colonial et le colonialisme.

La France doit-elle avoir honte de son passé colonial ? La colonisation n'aurait-elle apporté que le malheur ? Il n'y a pas de consensus à ce sujet et les positions des familles politiques ont dans le temps beaucoup varié. La gauche est aujourd'hui unanime à exiger l'abrogation de l'alinéa introduit par voie d'amendement qui mentionne le rôle positif de la présence française outre-mer[1] : c'est donc qu'elle la considère comme exclusivement

1. Il est en passe d'être supprimé : le 4 janvier 2006, Jacques Chirac a affirmé qu'il devait être réécrit, et, le 31 janvier, le Conseil constitutionnel a estimé qu'étant de nature réglementaire il pouvait être supprimé par décret.

négative. Mais il n'en a pas toujours été ainsi et une partie de la gauche était fière autrefois de la générosité qui inspirait à ses yeux l'action de la France pour « civiliser » les indigènes.

À la discussion sur la colonisation s'ajoute pour les vieilles colonies un élément spécifique : l'esclavage et la traite. Cette donnée ne vaut pas pour les acquisitions coloniales du XIXe siècle puisqu'elles sont postérieures à l'abolition de l'une comme de l'autre. La revendication ne concerne donc directement ni l'Afrique du Nord ni l'Afrique subsaharienne. Aux Antilles, la mémoire inspire une revendication à laquelle donne satisfaction la loi dite Taubira, qui condamne comme crimes contre l'humanité et la traite et l'esclavage. Cette revendication marque une rupture : jusque-là, on insistait plutôt sur le fait que les ressortissants des vieilles colonies étaient citoyens français depuis 1848. La résurgence d'un passé plus ancien marqué par la servitude et la traite est un fait politique qui crée une situation nouvelle, dont la loi Taubira est une première conséquence. Elle en a à son tour engendré d'autres : l'amendement controversé sur les aspects positifs de la colonisation est en fait la riposte directe à cette loi. Celle-ci, en déclarant crime contre l'humanité l'esclavage, emportait la condamnation du fait colonial. Ces deux textes sont symétriques et solidaires. Le premier ne considère que les aspects négatifs, le second met l'accent sur les aspects positifs. C'est la raison pour laquelle je pense qu'ils doivent avoir le même sort : n'abroger que l'un serait un choix proprement politique, pour ou contre la colonisation.

F. Azouvi – On est là en présence de jugements qualitatifs, et même subjectifs. Comment trancher entre eux, sur quels critères ?

R. Rémond – Le phénomène auquel ils renvoient est en effet ambivalent. La colonisation a produit des effets contraires. Si elle a effectivement entraîné l'esclavage et la traite, sous l'Ancien Régime, c'est elle aussi qui, à partir du milieu du XIXe siècle, a mis fin à l'esclavage en Afrique noire : c'est l'intervention des officiers français qui a mis un terme au trafic d'esclaves, à la vente de leurs sujets par des potentats locaux. Ainsi le phénomène de la colonisation a produit successivement des effets positifs et négatifs. C'est cette ambivalence que l'histoire nous apprend et que l'enseignement doit mettre en lumière, formant des esprits critiques, à même de distinguer positif et négatif. Que la cupidité, l'orgueil national ou la volonté de domination ait inspiré une partie des acteurs de l'entreprise coloniale est une évidence, mais ce n'est pas la seule motivation, en particulier des militaires ou des administrateurs coloniaux. J'ai connu personnellement des administrateurs qui avaient choisi ce métier pour des motifs qui ne sont guère différents de ceux qui inspirent aujourd'hui les volontaires des organisations non gouvernementales. Ils entendaient diffuser l'instruction, combattre les épidémies, apporter le progrès et établir des rapports plus humains entre la métropole et les indigènes. C'est cette complexité qui est le propre de l'histoire et à laquelle ne rend pas justice le législateur quand il affirme purement et simplement le caractère criminel de l'entreprise coloniale ou qu'il célèbre unilatéralement ses mérites.

II

Faut-il abroger toutes les lois mémorielles ?

F. Azouvi – J'aimerais maintenant que nous revenions sur le contexte immédiat dans lequel a éclaté l'affaire Pétré-Grenouilleau.

R. Rémond – Je le ferai d'autant plus volontiers que je m'y suis trouvé personnellement impliqué. Examinons donc les causes prochaines, comme disaient les vieux historiens, après avoir passé en revue ses causes lointaines ! En 2003, le Sénat, dans le cadre de sa politique culturelle, a institué un grand prix d'histoire. Ce prix est attribué par un jury de quinze historiens spécialistes d'époques diverses, de différentes sensibilités et tous pareillement incontestables. Ce jury procède par sélections successives avec comme préoccupation principale de distinguer le meilleur. Les deux premières attributions n'ont suscité aucune discussion. Vous-même, François Azouvi, avez été le premier attributaire de ce prix et le deuxième est revenu à Colette Beaune, pour son livre sur Jeanne d'Arc.

En juin 2005, le choix du jury s'est porté de façon unanime sur un jeune historien, Olivier Pétré-Grenouilleau, pour son livre d'histoire sur les traites négrières. Il se trouve, sans que j'y sois pour rien, que ce livre a également obtenu un prix de l'Académie française et que le prix Chateaubriand lui a été aussi accordé. C'est dire que ce livre a obtenu une reconnaissance éclatante. Il le mérite pleinement, car c'est une étude rigoureuse, scrupuleuse, objective, qui enrichit notre connaissance d'un phénomène trop longtemps méconnu et qui replace dans un cadre global la traite dite transatlantique, c'est-à-dire celle effectuée par des ressortissants de l'Europe occidentale en direction des Antilles et des deux Amériques. On aurait donc pu raisonnablement escompter que les descendants des esclaves lui en sachent gré et lui témoignent de la gratitude. Or les choses ont pris un cours tout différent. À l'occasion de la remise de ce prix le deuxième samedi de juin, *Le Journal du dimanche*, qui patronnait la journée de l'histoire au Sénat, a publié une interview du lauréat. À l'une des questions qui lui étaient posées, Olivier Pétré-Grenouilleau a répondu que, si la traite était assurément un crime contre l'humanité, on ne pouvait pas parler à son sujet de génocide car les critères requis par la définition de ce concept exigent une intentionnalité d'extermination systématique : il est évident que les négriers, qui obéissaient à des considérations mercantiles, ne pouvaient pas souhaiter la disparition de ce qu'ils tenaient pour une marchandise. Mais cette déclaration a suscité l'ire d'un collectif d'Antillais, de Guyanais et de Réunionnais qui l'ont accusé de négationnisme et ont engagé un procès contre lui en référence aux lois Gayssot et Taubira, cette dernière déclarant l'esclavage et la traite crimes contre l'humanité.

Le cas Pétré-Grenouilleau illustre la nocivité du processus qui permet à un groupe de pression d'engager des poursuites contre un historien en se référant à une loi mémorielle. C'est la conséquence et l'inconvénient d'une appréciation par les parlementaires d'un événement historique sous la forme d'une loi. Celle-ci instaure des obligations, entraîne des contraintes et devient une référence pour la justice. La conjonction de l'intervention du législateur et du recours aux tribunaux expose tout historien à des poursuites qui peuvent être pénales. Quelques mois plus tôt, des historiens, plutôt des spécialistes de la colonisation, s'étaient déjà émus de l'adoption en février 2005 par le Parlement d'un amendement qui faisait obligation aux enseignants de mettre en évidence le rôle positif de la présence française outre-mer et avaient signé une pétition s'élevant contre cette ingérence du politique dans l'exercice de leur métier d'enseignant.

Le procès intenté à Olivier Pétré-Grenouilleau a été la goutte d'eau qui a fait déborder le vase et a provoqué la réaction exprimée par le manifeste des dix-neuf historiens, dont je suis. Notre démarche est assez différente de celle des historiens dont je viens de parler. Elle ne vise pas seulement *un* texte en raison du jugement que l'on porte sur le fait colonial. Notre pétition s'en prend à toutes les lois de ce genre et pour des raisons fondamentales : le souci de préserver la recherche de la vérité et l'attachement aux règles de la démocratie. Notre texte s'adressait en priorité aux politiques pour attirer leur attention sur les effets pervers du recours à la loi et sur les conséquences désastreuses d'une généralisation éventuelle de ce processus : pourquoi, en effet, la liste ne s'allongerait-elle pas ? Le Parlement a jugé bon de qualifier les massacres d'Arméniens : pourquoi ne pas étendre la condamnation à d'autres atrocités ? À propos de la traite négrière, il s'agit de donner satisfaction aux Antillais. Ce sera bientôt le tour des arabo-musulmans. Et le Parlement sera sommé de condamner les Croisades. On ne tardera pas à recevoir une proposition de condamnation des massacres perpétrés en Vendée. La Convention a-t-elle eu le dessein d'exterminer les Vendéens ? Les historiens de métier débattent encore pour savoir s'il s'agit bien d'un génocide :

c'est dire que dans la controverse qui les divise ce sera le Parlement qui tranchera pour établir la vérité officielle.

F. Azouvi – Le nom du général Thureau, commandant des « colonnes infernales », a quand même été effacé de l'Arc de Triomphe. Cela dit, pourquoi la question de savoir si c'est un génocide est-elle douteuse ? Ne dispose-t-on pas de textes de la Convention sur le sujet ?

R. Rémond – La guerre de Vendée, comme toute guerre civile, a été une guerre affreuse qui a comporté toutes sortes d'horreurs. Les colonnes infernales ont commis des Oradours, mais la Convention a-t-elle réellement formé le projet d'exterminer les Vendéens jusqu'aux derniers ? Nous n'en avons pas de preuves formelles. C'est pourquoi les historiens sont divisés. Dans cette incertitude, est-ce au Parlement de trancher et la vérité historique relève-t-elle en définitive d'une majorité parlementaire ?

Si j'ai signé la pétition du 12 décembre (dont je n'ai pas eu l'initiative), c'est parce que la vérité même est en jeu dans cette affaire et qu'on ne saurait transiger à ce sujet.

Si on persévère dans cette façon de faire, c'est la mort d'une recherche historique objective. D'une part, on fuira les sujets délicats : aucun jeune chercheur ne prendra le risque de consacrer quelques années de son travail à une recherche qui peut l'amener devant les tribunaux, aucun directeur de recherche n'osera non plus engager ceux dont il a la responsabilité dans une aventure aussi risquée. D'autre part, sur nombre d'événements, il y aura une vérité officielle qui ne pourra être remise en question. Le paysage historiographique sera un singulier patchwork de pages blanches et de vérités politiques. On doit comprendre que notre revendication n'est pas corporatiste, bien au contraire : elle plaide pour la possibilité de tout citoyen d'accéder à la connaissance de la vraie vérité et elle traduit notre inquiétude sur l'avenir de la liberté de la recherche et de la diffusion de la connaissance historique.

F. Azouvi – Que s'est-il passé depuis la décision du collectif d'attaquer Pétré-Grenouilleau ?

R. Rémond – Le jury qui lui avait attribué le prix d'histoire se tient pour solidaire : chacun d'entre nous a adressé à son avocat une lettre de soutien ; moi-même, en tant que président du jury, j'ai indiqué pour quelles raisons ce livre s'était imposé à notre jugement et précisé que nous étions prêts à répondre de notre choix et à témoigner de notre estime pour les qualités d'historien d'Olivier Pétré-Grenouilleau.

Quelques historiens enseignant à l'Institut d'études politiques de Paris ont invité l'auteur à une réunion de collègues le matin du samedi 10 décembre. C'est au cours de cette réunion que l'idée a germé de la rédaction d'un texte qu'on adresserait aux politiques. Ce texte a recueilli la signature des historiens présents et quelques autres collègues ont été sollicités par téléphone. Je n'assistais pas moi-même à cette réunion, mais j'ai été appelé dans l'après-midi par Michel Winock et Françoise Chandernagor, la présence de celle-ci dans le groupe ayant une valeur symbolique, puisqu'elle est elle-même descendante d'esclaves réunionnais affranchis. C'est elle qui m'a donné au téléphone lecture du texte. Il a d'emblée obtenu mon adhésion, car j'appréciais qu'il pose le problème dans sa généralité. Je n'aurais pas accepté de signer un texte qui n'aurait demandé l'abrogation que d'une loi entre autres : c'eût été faire un choix politique. Demander la seule abrogation de l'article litigieux de la loi du 23 février 2005, c'était prendre position contre la colonisation. À l'inverse, réclamer l'abrogation de la loi Taubira, c'était disculper le colonialisme. La demande d'abrogation devait s'appliquer à toutes les lois mémorielles car toutes contrevenaient à la distinction des genres et procédaient de l'ingérence des politiques dans un domaine échappant à leur compétence. Y compris la loi Gayssot, en dépit des scrupules que peut inspirer la spécificité de la Shoah, parce qu'elle procède de la même erreur et qu'elle se trouve être la mère de toutes les lois mémorielles.

Le texte a été diffusé par l'AFP et adressé aux présidents des Assemblées et à tous les présidents de groupes parlementaires. J'ajoute que les signataires ont décidé de se constituer en association qui reprend pour nom le titre de l'adresse, « Liberté pour l'histoire », et j'ai été sollicité pour en prendre la présidence. Cette association nous permettra, s'il est besoin, d'intervenir dans les procès et d'apporter notre soutien aux enseignants en difficulté. Notre initiative a dans l'ensemble été bien perçue par les politiques : la plupart des destinataires ont reçu une délégation d'entre nous. Notre démarche a été accueillie très positivement par les historiens qui l'attendaient et qu'elle a rassurés. Sans même qu'ils y aient été invités, plus de six cents d'entre eux ont envoyé spontanément leur signature et souhaité adhérer à l'association.

F. Azouvi – Ce n'est pas tout. Les responsables politiques ont lancé leurs propres commissions d'enquête...

R. Rémond – Le président de la République et le Premier ministre ont aussitôt déclaré que ce n'était pas au législateur d'établir la vérité historique et Jacques Chirac a confié à Jean-Louis Debré, président de l'Assemblée nationale, une mission de réflexion pour sortir de l'imbroglio créé par la demande d'abrogation, de la part de la gauche, de l'article 4 de la loi du 23 février 2005, et par le refus de la droite d'y satisfaire. Avant même d'avoir été dépositaire des conclusions de Jean-Louis Debré, il se prononçait pour la réécriture de l'article litigieux. De son côté, le ministre de l'Intérieur, Nicolas Sarkozy, a chargé d'une mission assez semblable le jeune Arno Klarsfeld. Puis-je dire que, sans contester aucunement le droit au ministre de l'Intérieur, responsable de l'ordre public, de s'intéresser à cette question, j'ai été surpris par cette désignation ? Pareille mission me paraissait exiger une personnalité indiscutable ayant sur ces questions une compétence reconnue et non suspecte d'appartenance à une communauté. Arno Klarsfeld ne me paraissait pas répondre à ce profil.

F. Azouvi – Pareille effervescence, de la part des politiques, traduit bien le fait qu'il y a un problème et que ce problème avait été jusqu'ici plutôt occulté dans la bonne conscience et la ferveur mémorielle. L'affaire Pétré-Grenouilleau est, comme vous le dites, la goutte d'eau qui a fait déborder le vase.

R. Rémond – Quelques politiques ont répondu que, si l'histoire ne relevait pas du législateur, elle n'appartenait pas non plus aux historiens. Ils ont tout à fait raison : pas plus que la santé n'appartient aux médecins, ou la justice aux magistrats. Nous n'entendons pas revendiquer un monopole corporatiste.

F. Azouvi – Par souci de cohérence, dites-vous, vous demandez l'abrogation de l'ensemble des lois relatives à l'histoire. Cela pose aussitôt la question du statut de la loi mère qu'est la loi Gayssot. Pensez-vous qu'elle puisse être mise sur le même plan que les autres ?

R. Rémond – Je comprends très bien le trouble de certains collègues qui approuvent notre démarche dans sa généralité mais qui ne peuvent nous suivre jusqu'à sa conclusion ultime, l'abrogation de la loi Gayssot. Moi-même je suis en proie à une hésitation en raison de la spécificité de la Shoah, qui n'est comparable à aucun autre fait historique, mais j'avoue que j'ai été grandement rassuré quand j'ai vu qu'un Élie Barnavi, un Saul Friedländer, historiens irréprochables, excellents connaisseurs de l'histoire française, dont personne ne peut soupçonner l'infidélité au souvenir de la persécution, ont signé notre texte, estimant qu'il n'était pas besoin de la loi Gayssot.

F. Azouvi – Prenons la question par un autre bout. La loi Gayssot ne tire pas sa spécificité du seul caractère particulier du crime auquel elle renvoie, mais aussi du négationnisme en quoi elle consiste. Nier l'existence des chambres à gaz, nier que la traite des esclaves ait été un crime contre l'humanité et affirmer que la colonisation n'a eu aucun caractère positif, est-ce la même chose ?

R. Rémond – La question est essentielle et elle porte à la fois sur l'objet et sur les jugements qu'il inspire. Pour différentes qu'elles soient, la Shoah et la traite négrière se trouvent indirectement solidaires pour leur destin historiographique : en nous opposant au collectif qui fait reproche à Pétré-Grenouilleau de ne pas considérer la traite comme un génocide, nous préservons la spécificité de la Shoah ; si leur point de vue l'emportait et si les pouvoirs publics décidaient de reconnaître ici et là des génocides comme ils ont fait pour l'Arménie, la Shoah finirait par être banalisée et ne serait plus qu'un génocide entre beaucoup. Or je suis convaincu de son exceptionnalité et de la nécessité de l'affirmer. Il y a une autre différence : l'intention d'exterminer systématiquement tous les Juifs est avérée, même si nous ne disposons pas du procès-verbal de la réunion de Wahnsee en janvier 1942 où la décision a été prise de la solution finale. Cette absence de preuve ne doit pas nous empêcher de la tenir pour vraie : si en tous domaines les historiens manifestaient pareille exigence hypercritique, c'est une bonne partie de l'histoire qui ne pourrait plus être racontée. En l'espèce, la Shoah est une évidence, et la nier équivaut donc à affirmer positivement des contrevérités. En conséquence, l'alternative est simple pour les négationnistes : ou ce sont des malades mentaux, ou ce sont des pervers animés d'intentions criminelles.

F. Azouvi – Justement, si l'intention présidant au négationnisme est criminelle, ne conviendrait-il pas de poursuivre pénalement ses auteurs ?

R. Rémond – Cela peut paraître juste. Mais les lois existantes qui répriment en particulier l'incitation à la haine raciale ne suffisent-elles point ? Aux juristes et aux politiques d'en décider.

F. Azouvi – Supposons que les pouvoirs publics vous entendent et abrogent ces lois, ce qui est peu probable. Quelles conséquences s'ensuivraient ? Ne va-t-on pas assister à une flambée de délire négationniste ?

R. Rémond – Je n'en suis pas certain, car les maniaques du négationnisme ne sont qu'une poignée, en dehors du leader du Front national et de quelques trotskistes. Je n'arrive d'ailleurs pas à comprendre pourquoi Jean-Marie Le Pen a fait du doute de la Shoah un de ses chevaux de bataille et je ne vois pas bien quel profit il peut en attendre électoralement. Quant au négationnisme qu'on peut appeler populaire et spontané, la loi Gayssot nous arme-t-elle bien contre lui ? Que faire à propos des petits Maghrébins qui, dans tel collège de banlieue, mettent en doute la réalité de la Shoah au motif que c'est une invention des Juifs ou qui s'opposent à ce que celle-ci soit enseignée parce que, disent-ils, ce que les Israéliens font à leurs frères palestiniens est aussi grave ? Cette forme élémentaire de l'antisémitisme me paraît plus préoccupante que le discours des négationnistes brevetés.

F. Azouvi – Ne pensez-vous pas que les enseignants se trouveraient encore davantage en difficulté si la loi Gayssot était abrogée ?

R. Rémond – Je dois avouer que, compte tenu du climat actuel, de cet antisémitisme diffus, primaire, irréfléchi, je n'ai pas de réponse à cette question. C'est aux politiques de peser le pour et le contre. Cette loi a été surtout utilisée politiquement contre Le Pen, Gollnisch et leurs congénères, mais était-elle indispensable ? Ils avaient été condamnés avant 1990.

F. Azouvi – Il me semble que les autres lois mémorielles ne soulèvent pas les mêmes problèmes. On peut en envisager sereinement l'abrogation, tant elles paraissent inutiles. Du reste, la plupart de ceux qui ont réagi négativement à votre pétition distinguent eux-mêmes la loi Gayssot et les autres lois mémorielles ; je pense par exemple à Claude Lanzmann, qui est intervenu dans *Les Temps modernes* pour rappeler qu'elle ne doit surtout pas être mise sur le même plan que les autres.

R. Rémond – Si ces lois me paraissent superflues, je ne me dissimule pas pour autant que les abroger aurait une portée symbolique dont il faut mesurer l'importance. Au point où nous en sommes, abroger la loi qui reconnaît le génocide arménien serait interprété comme la présomption qu'il n'a pas eu lieu, et pour l'État français se déjuger. Les Arméniens se sentiraient trahis. Par ailleurs, les responsables de ces horreurs en concluraient à leur acquittement. Nous devons reconnaître que certains avec qui nous n'avons rien de commun se sont prévalus de notre initiative. Bruno Gollnish s'y est immédiatement référé et j'ai reçu des lettres d'associations turques préconisant d'étendre au cas des Arméniens le principe de non-ingérence des parlementaires. C'est la conséquence et l'inconvénient d'une prise de position des représentants élus en dehors de leur compétence. Nous n'avions pas l'illusion en préconisant l'abrogation de toutes ces lois que nous obtiendrions satisfaction, mais il était urgent de porter un coup d'arrêt à cette dérive et d'interrompre un processus qui risque de multiplier cette sorte d'embarras.

F. Azouvi – Nous nous trouvons donc devant des lois qu'il n'était pas indispensable de promulguer, mais qui rendent un retour en arrière délicat. Il ne s'agit pas de contester le droit des pouvoirs publics à se mêler d'histoire. Oui, si une loi sur l'histoire est discutable, ce n'est pas pour autant que l'État n'a pas à se prononcer ; il est amené à le faire en particulier pour les programmes scolaires.

R. Rémond – Le législateur a assurément le droit de porter des jugements sur l'histoire. Ce qui nous paraît discutable est qu'il le fasse sous la forme de lois qui emportent des conséquences irrémédiables. Il faudrait donc que la parole des politiques sur les événements trouve d'autres modes d'expression, motions, résolutions… Quant à l'État, il a des responsabilités, en particulier en matière d'enseignement. L'histoire est dans notre tradition éducative une matière obligatoire : sa connaissance fait partie de la formation du citoyen. Elle contribue à l'édification du jugement politique. L'État ne peut laisser les enseignants libres de choisir l'histoire qu'ils entendent transmettre et il est de sa compétence d'établir les programmes, mais en prenant en compte l'avis des historiens. Quant aux parlementaires, l'article 34 de notre Constitution stipule que la loi n'intervient que pour définir les principes généraux de l'enseignement et non pas les programmes. C'est la référence à cette disposition qui a rendu possible le déclassement par le Conseil constitutionnel de l'article contesté de la loi du 23 février 2005.

F. Azouvi – La commission des programmes établit quels chapitres de l'histoire doivent être étudiés, mais elle ne va pas, en principe, jusqu'à dire de quelle façon ces chapitres doivent être traités.

R. Rémond – Et moins encore quelle appréciation porter sur eux. L'article 4 de la loi du 23 février 2005 stipulait que les programmes scolaires doivent reconnaître le « rôle positif de la présence française outre-mer, notamment en Afrique du Nord », et qu'ils doivent accorder « à l'histoire et au sacrifice des combattants de l'armée française issus de ces territoires la place éminente à laquelle ils ont droit ». Rôle positif, place éminente, cela veut dire combien de chapitres, combien de pages ? Ce paragraphe était lui-même une riposte à la loi Taubira du 10 mai 2001, impliquant indirectement condamnation du colonialisme français. Sans cette dernière loi, peut-être n'y aurait-il pas eu l'amendement de 2005. C'est pourquoi ces deux textes sont solidaires : l'abrogation de l'un ne devrait pas aller sans celle de l'autre. Le législateur s'aventure sur un terrain qui n'est pas le sien et sa position est réductrice, car une histoire bien faite et un enseignement honnête devraient dire l'un et l'autre, le positif et le négatif.

F. Azouvi – Ceci isole encore davantage la loi Gayssot : le crime qu'elle traite ne souffre pas la moindre nuance...

R. Rémond – Effectivement, les faits qu'elle vise représentent un mal absolu. Comment cela a-t-il pu arriver ? Comment une idée aussi folle et aussi criminelle que celle de l'extermination de toute une race a-t-elle pu s'emparer de tout un peuple ? Pour le comprendre, il faut remonter aux sources du racisme. C'est le rôle des historiens en établissant les faits que de mettre en évidence leur complexité. Expliquer n'est pas absoudre, et l'objectivité n'interdit pas à l'historien d'aller plus loin : jusqu'à un jugement d'ordre moral. Répudions sans retour la conception positiviste de l'histoire qui limitait son rôle à l'établissement et à la relation des faits. Si l'histoire joue un rôle dans la formation du jugement intellectuel et moral, ce que je crois, c'est la responsabilité de l'État de veiller à ce que cette fonction soit correctement assurée et qu'on ne passe pas sous silence des faits majeurs. On se gardera aussi de les surdimensionner : il ne serait pas raisonnable dans un programme chargé de consacrer plusieurs séances à la traite, si ce n'est dans les pays concernés par elle.

F. Azouvi – La question des causes de la Shoah est sujette à des interprétations divergentes, voire contradictoires. Rétorquant aux travaux qui se focalisent sur l'antisémitisme allemand et sur lui seul, Jean-Claude Milner, dans *Les Penchants criminels de l'Europe démocratique*, a soutenu la thèse paradoxale selon laquelle la Shoah aurait soulagé l'Europe, qui se serait ainsi débarrassée des Juifs à bon compte, et va jusqu'à inscrire Hitler dans la postérité des Lumières. Partagez-vous ce sentiment ?

R. Rémond – Certes non. L'historien doit être en garde contre la tentation de prêter aux politiques une intentionnalité excessive ou qui n'existait pas. Dans le cas précité, il semble que, jusqu'en 1941, l'intention des nazis n'ait pas encore été d'exterminer les Juifs, mais seulement de les expulser d'Europe. Ce serait à partir de la guerre avec l'Union soviétique qu'aurait émergé la volonté d'en finir avec les Juifs. Projet non seulement criminel mais démentiel : songez que, lors des combats les plus durs sur le front de l'Est, la priorité était quelquefois donnée aux convois qui acheminaient les Juifs vers les camps où ils trouveraient la mort sur les trains qui transportaient les renforts ou les munitions !

F. Azouvi – Comment une telle folie a-t-elle pu apparaître chez un « peuple débonnaire et cultivé », comme disait Jankélévitch ?

R. Rémond – Cela n'a évidemment rien de commun avec la traite négrière et l'esclavage, qui obéissaient à des calculs de rentabilité...

F. Azouvi – ... fondés sur l'idée que les Noirs n'étaient pas humains.

R. Rémond – En tout cas sur l'idée de leur infériorité raciale. C'était d'ailleurs en partie pour ménager les Indiens, situés plus haut que les Noirs dans l'échelle des races, la controverse de Valladolid ayant décidé que les Indiens avaient une âme. Théologiquement, rien ne les séparait des Européens. Pour ne pas réduire les Indiens en esclavage, on a importé de la main-d'œuvre d'Afrique. Quel paradoxe ! Des intentions positives ont ainsi été à l'origine de la traite !

Remarquons que, à l'inverse de ce qui s'est passé à propos des Indiens, les controverses au sujet des Noirs ont été inexistantes, si ce n'est chez quelques abolitionnistes comme Montesquieu. Il a fallu attendre le XVIIIe siècle et les proportions prises par la traite pour qu'il y ait un commencement de débat.

III

L'histoire aux historiens ?

F. Azouvi – L'une des questions posées par votre pétition, et d'ailleurs reprise par vos contradicteurs, consiste à savoir si l'histoire doit « appartenir » aux historiens ou non ; en d'autres termes, quel est le statut de l'histoire ? Est-ce une discipline scientifique ou, si vous préférez, un métier, ou bien s'agit-il d'un domaine sur lequel chacun aurait compétence ? « L'histoire n'appartient pas aux historiens », tel est le titre de la tribune publiée par Arno Klarsfeld dans *Le Monde*, le 28 janvier 2006. Avant de se demander si, en effet, « appartenir » est bien le terme qui convient, je voudrais vous demander comment vous concevez la connaissance historique, entre un relativisme dont je sais que vous ne voulez pas et un positivisme à la Gabriel Monod auquel plus personne, sans doute, ne croit. Je songe aux belles analyses de Paul Ricœur dans *Temps et Récit*, sur l'histoire comme mise en récit.

R. Rémond – L'histoire comme construction ? Je relierai cette question à ce qui nous préoccupe ici. Ce qui a motivé et légitimé notre intervention, à mes collègues et à moi-même, est le souci de ne pas contrarier la recherche de la vérité historique. En la matière, les politiques ne nous semblent pas qualifiés : leur vision serait inévitablement infléchie par des considérations étrangères à la recherche de la vérité. À preuve, la plupart des lois mémorielles ont été inspirées par des perspectives électoralistes. S'il est légitime de chercher à satisfaire les revendications particulières, elles ne doivent pas guider la recherche. Le devoir de mémoire, s'il ne se confond pas avec le travail de l'historien, s'y apparente et ne saurait être orienté par la complaisance pour des groupes d'intérêts. L'un et l'autre doivent prendre en compte les données objectives des situations évoquées.

N'étant pas philosophe, à la différence de Paul Ricœur, je ne formulerai pas les choses de la même façon que lui. Je partirai de la complexité de l'histoire, avant même de parler de son ambivalence. C'est pourquoi il est si difficile de la juger : se composant d'une multiplicité de lignes d'évolution, elle est par nature embrouillée. D'où son imprévisibilité. De surcroît, la contingence y joue un rôle important : le processus historique est de ce fait incertain ; à tout moment peuvent surgir une nouvelle série causale ou des accidents qui font que rien ne se passe jamais comme prévu. L'histoire n'est pas linéaire. Elle n'est pas davantage réductible à un principe unique d'explication. Ni les systèmes monistes ni même les dualistes ne peuvent rendre compte de sa complexité.

Quant au jugement moral, la compréhension certainement, la qualification peut-être, doivent se faire en fonction des critères de l'époque étudiée. De même que les lois ne sont pas rétroactives, le jugement ne peut l'être non plus. On se gardera donc de projeter telle quelle sur les périodes anciennes notre grille de lecture avec ses critères d'appréciation. Ce serait succomber au péché d'anachronisme. Sans pour autant tomber dans le relativisme culturel, car il y a bien des valeurs universelles. L'histoire bien comprise révèle un acquiescement croissant à ces valeurs : dans les deux derniers siècles, les sociétés les plus avancées ont élaboré un ensemble de textes – déclarations des droits, chartes, constitutions –, qui constituent un corpus de références à partir desquelles il est possible de formuler des jugements éthiques. Cette réserve à l'égard de tout glissement vers le relativisme vaut particulièrement pour les rapports contemporains entre les civilisations. Au lendemain du massacre de la place Tienanmen à Pékin, en 1989, j'avais été choqué par la réaction de quelques sinologues ou assimilés qui estimaient que nous n'avions pas le droit de condamner le comportement du gouvernement de Pékin au motif que c'était la façon pour les Chinois de régler leurs problèmes internes. Comme s'il n'y avait pas de règles morales supérieures aux coutumes particulières et aux pratiques locales ! De même quand des hommes politiques disent que nous ne sommes pas qualifiés pour critiquer les régimes de parti unique dans les États africains, ces pays n'étant pas encore en mesure de pratiquer la démocratie. Outre que c'est une forme inavouée de racisme, c'est méconnaître le caractère universel de certains principes. On peut admettre que tous les peuples ne sont pas au même point de l'évolution, et qu'il puisse y avoir des phases de transition, mais cette acceptation de la diversité ne doit pas remettre en cause l'adhésion à quelques grands principes universels.

F. Azouvi – Vous êtes donc de ceux qui pensent que toutes les interprétations ne se valent pas.

R. Rémond – On ne peut pas dire n'importe quoi ni chaque chose et son contraire. Il y a des vérités objectives et leur négation est mensonge. Dans le sillage de 1968, beaucoup d'étudiants étaient persuadés qu'il ne pouvait y avoir d'autres affirmations que subjectives, arbitraires ou manipulées. D'où la sommation aux enseignants d'avouer leurs présupposés et de dire de quel lieu ils parlaient. Il est vrai que jugement de réalité et jugement de valeur s'imbriquent étroitement dans la connaissance historique. Mais c'est le devoir de l'historien et un impératif de la critique historique que de les distinguer et de travailler à réduire la part de la subjectivité. Il n'est pas possible de dire, comme le fait Claude Ribbe, que c'est Napoléon qui a inspiré à Hitler le projet d'extermination des Juifs ou, comme l'a fait le réseau Voltaire, d'insinuer que les attentats du 11 septembre 2001 sont une manipulation du gouvernement américain.

F. Azouvi – Dans le cas du livre de Thierry Meyssan, *L'Effroyable Imposture*, la falsification était grossière ; elle n'a toutefois pas été évidente pour les dizaines de milliers de personnes qui ont acheté son livre… Mais certains faits ne sont-ils pas susceptibles d'interprétations variées, voire opposées ? Qui peut prétendre que tel historien a raison ? Comment les départager ?

R. Rémond – La richesse de la réalité est telle qu'elle suscite et justifie une pluralité d'interprétations, et dès lors qu'elles sont toutes fondées sur des faits avérés, aucune n'est complètement erronée : toutes apportent des éléments d'explication.

Chaque génération fait une nouvelle lecture du passé. L'honnêteté intellectuelle, c'est de hiérarchiser les affirmations en fonction de leur degré dans une échelle qui va de la certitude scientifique à l'opinion probable et à l'hypothèse à vérifier.

F. Azouvi – Dans les pages introductives de votre livre sur le XXe siècle, *Notre siècle*, vous insistiez sur les difficultés épistémologiques propres à l'histoire du temps présent.

R. Rémond – La difficulté est, en raison de l'absence de distance critique, d'anticiper sur le jugement des générations à venir, de pondérer les faits et de pressentir ceux qui sont porteurs d'avenir. Un exemple : dans le petit livre que j'ai publié sous le titre *Regard sur le siècle*, en 2000, m'insurgeant contre une vision trop exclusivement sinistre du XXe siècle, j'en proposais une lecture relativement optimiste. Cinq ans plus tard, devant mettre ce livre à jour, je présume que mon optimisme sera peut-être nuancé : dans l'intervalle, une nouvelle administration s'est mise en place aux États-Unis et les Français ont rejeté le projet constitutionnel pour l'Union européenne. Néanmoins, mon optimisme persiste sur des points importants : ainsi pour l'instauration d'une justice à l'échelle de la planète en application du traité de Rome dont je pensais qu'il marquait une étape décisive dans l'établissement d'une communauté mondiale. Or le processus se poursuit, en dépit des efforts des États-Unis pour l'enrayer. Je ne m'étais donc pas trompé en voyant dans cette initiative l'émergence d'une tendance fondamentale.

F. Azouvi – Comment articulez-vous votre antirelativisme, votre prétention à l'énonciation de jugements universels, et votre rejet de la rétroactivité ? Sur quoi se fonde votre jugement transculturel ?

R. Rémond – La réponse est plus facile pour l'espace que dans le temps, la mondialisation tendant à constituer un ensemble relativement homogène…

F. Azouvi – … de fait, certes, mais en droit ?

R. Rémond – Cet espace est en voie de réalisation : il se réfère à des valeurs communes.

F. Azouvi – Pensez-vous que ces valeurs s'appuient sur l'idée universelle d'humanité ? Celle-ci constitue-t-elle le principe de votre propre philosophie ?

R. Rémond – Ma philosophie croit à un certain progrès de la conscience commune à travers les siècles. J'observe qu'elle est aujourd'hui plus exigeante que jadis. Je présume en conséquence que nos successeurs condamneront à leur tour certains de nos comportements qui leur apparaîtront répréhensibles comme nous-mêmes ne comprenons plus aujourd'hui comment nos prédécesseurs ont pu par exemple si longtemps tolérer l'esclavage. Je pourrais démontrer ce progrès de la conscience pour ce qui est de la politique et de l'organisation sociale. Ainsi l'opinion est-elle aujourd'hui fort sensible à tout ce qui concerne la justice et son indépendance : chaque fois que le pouvoir est soupçonné d'ingérence dans les décisions de justice, c'est une affaire d'État. Songez, comme contre-exemple, à la façon dont les républicains, qui se méfiaient de la magistrature, composée à leurs yeux de notables conservateurs, se sont conduits dans les années 1880 : le gouvernement s'est fait accorder par les chambres le droit de suspendre l'inamovibilité des magistrats et en a usé immédiatement pour en révoquer cinq ou six cents ! Vous imaginez le scandale que provoquerait aujourd'hui un tel comportement ? Or nos aïeux, cependant attachés aux droits et aux libertés, n'y ont rien trouvé à redire. Nous ne nous rendons peut-être pas assez compte que nous vivons aujourd'hui bien davantage dans un État de droit qu'alors. Voilà qui doit nous engager à la prudence quand il s'agit de qualifier des faits éloignés dans le temps et dont nous ne percevons plus quel était l'environnement.

F. Azouvi – Les exemples que vous invoquez à l'appui de l'idée d'un progrès sont empruntés à la sphère de la justice et du droit. Vous êtes particulièrement attaché au concept d'État de droit ?

R. Rémond – Oui, car c'est une notion corrélative du progrès de la conscience que j'évoquais. J'ai ainsi été heureusement frappé de la relative facilité avec laquelle la convention chargée d'établir une charte européenne des droits fondamentaux est parvenue à un résultat satisfaisant : quinze États, dont les gouvernements appartenaient à des familles politiques différentes, sont tombés d'accord sur un ensemble de principes, de droits et de valeurs communs. Par exemple, ce corpus, qui fait la chair de l'Europe, condamne fermement certaines pratiques comme les atteintes au corps de l'homme et de la femme.

F. Azouvi – Nous revenons par ce biais à ma question initiale, celle relative à l'histoire comme discipline requérant des compétences. Car une autre manière de récuser le relativisme consiste à montrer que l'histoire est un métier. Loin de vous, je pense, la volonté d'établir un monopole en faveur de la corporation universitaire des historiens, mais il n'est pas question non plus de tolérer que n'importe qui se prétende historien à partir du moment où il parle de réalités historiques.

R. Rémond – Les historiens ne forment pas une corporation. Le droit de parler d'histoire n'est pas réservé à ceux qui ont passé des concours ou obtenu des diplômes. Chacun, dès lors qu'il applique les règles du métier et se soumet à ses exigences, est historien. Arno Klarsfeld a raison sur ce point: l'histoire appartient à tous, sa connaissance fait partie de l'identité et de la citoyenneté. Les historiens remplissent une fonction sociale, ils agissent par délégation et ils ont à rendre des comptes. L'histoire appartenant à tous, il leur incombe de transmettre ce qu'ils savent et de partager ce qu'ils ont appris. Toute discipline requiert un minimum de compétence: personne ne se risquera à parler d'astrophysique ou de biologie sans avoir acquis une certaine connaissance. Les parlementaires ne se prononceront pas sur la mécanique des fluides. Pourquoi en irait-il différemment pour l'histoire si ce n'est qu'à son propos chacun se croit autorisé à avoir une opinion ?

F. Azouvi – Platon disait la même chose de la politique. Comme tout le monde est concerné, chacun croit pouvoir en parler avec compétence...

R. Rémond – Chacun en tout cas en a le droit. Il est donc hors de question qu'une oligarchie s'en empare. Mais cette discipline n'en exige pas moins un apprentissage, une familiarité avec ce dont elle rend compte. C'est moins une question de connaissance factuelle que de sensibilité. C'est comme un sixième sens qui font discerner ce qui, dans l'événement contemporain, est inédit ou répétitif, éphémère ou porteur d'avenir. Ce sixième sens est rarement inné, même si certains y sont peut-être plus prédisposés que d'autres. Il suppose une connaissance approfondie de l'histoire : il ne suffit pas d'être spécialiste d'une période ou d'un pays. À cet égard, la spécialisation croissante des historiens avec la définition de plus en plus étroite des intitulés de chaire et la disparition des généralistes m'inquiètent. Comment le chercheur enfermé dans sa spécialité serait-il à même de porter un jugement global et circonstancié ?

F. Azouvi – Nous avons buté à plusieurs reprises sur le problème de l'évaluation morale. L'historien n'est pas logé à la même enseigne que n'importe quel autre praticien des sciences humaines. Comment passe-t-on de la constatation des faits à leur qualification ? Y a-t-il des règles à observer ?

R. Rémond – Le XIXe siècle – et vous évoquiez à ce sujet le nom de Gabriel Monod – a institué l'histoire en discipline scientifique. Sous l'influence alors dominante du positivisme, ceux qui faisaient métier d'historien, soucieux d'affirmer leur impartialité, ont estimé que l'objectivité leur faisait un devoir de ne pas se risquer à formuler des jugements d'ordre moral. Ils devaient s'en tenir à l'établissement des faits et à leur explication. Cet objectif était déjà suffisamment difficile à atteindre, une explication complète incluant notamment de pénétrer les intentions des acteurs. Or c'est le plus difficile. Au cours d'un récent colloque consacré à l'étude de son septennat, Valéry Giscard d'Estaing observait que, pour les faits et les décisions, l'essentiel était connu et que la recherche ne pouvait guère ajouter à ce qu'on en savait déjà, mais que les intentions échappaient à l'historien. Je partage tout à fait son analyse. C'est du reste pourquoi il est si important de recueillir le témoignage des acteurs. Cette distinction entre les faits et les intentions est de portée générale. Elle vaut par exemple pour l'histoire de la Seconde Guerre mondiale : peu de chose nous reste caché et la divulgation de ce peu ne modifierait pas fondamentalement le récit général. Ce sont des procédés publicitaires qui cherchent à nous faire croire que des pans entiers restent à découvrir. Mais nous sommes bien moins informés sur l'état d'esprit des acteurs : que savaient-ils de la situation ? Qu'attendaient-ils de leurs décisions ? Quelles étaient leurs motivations ?

Pour mieux faire comprendre mon propos, je vais recourir à un exemple délicat, presque scabreux, car il touche au sujet le plus sensible qui soit : la persécution des Juifs dans la France de Vichy. À l'été 1942, lors des grandes rafles, Pierre Laval, alors président du Conseil, a pris la décision de déporter les enfants aussi. Cette initiative – envoyer les enfants à une mort certaine –, nous paraît aujourd'hui à raison le comble de l'horreur. Quels pouvaient être ses motifs ? Mais sommes-nous sûrs qu'il connaissait exactement la destination finale des convois ? Sa motivation principale n'a-t-elle pas été d'ordre pratique, tout simplement éviter que l'administration française ait la charge des enfants ? Qui sait même s'il n'a pas cru moins inhumain de laisser les enfants partir avec leurs parents plutôt que de les séparer irrémédiablement ? Ces interrogations ne diminuent en rien sa culpabilité, et l'historien est fondé à condamner son engagement politique et cette complicité à des fins criminelles. Mais la vérité de l'histoire oblige à se poser la question à laquelle la réponse n'est pas évidente : a-t-il sciemment envoyé les enfants à la mort ?

L'établissement des faits, le discernement des intentions : tels sont les deux premiers temps de toute démarche historienne. Ils n'excluent pas qu'il y en ait un troisième : un jugement proprement moral. Par exemple, cela ne me fait aucune difficulté, quand j'évoque la signature de l'armistice en juin 1940, de condamner comme infamant – et l'appréciation est plus morale qu'intellectuelle – l'article 19 par lequel le gouvernement français acceptait de livrer aux autorités d'occupation les ressortissants allemands qui avaient cherché refuge en notre pays : cet acte est absolument contraire à l'idée que nos sociétés se font de l'honneur.

F. Azouvi – Votre exemple est emprunté à une

histoire récente. Que devient ce devoir de jugement appliqué à de lointaines périodes ? Que dire des Croisades ou de la geste napoléonienne ?

R. Rémond – Il serait absolument contraire à l'intelligence historique de juger les Croisades selon les mêmes critères que l'expansion coloniale au XIXe siècle : ni les motivations ni les références morales ne sont comparables. Il faut entrer dans la psychologie des contemporains, ce qui n'interdit pas de formuler des appréciations morales, mais, à cette aune, les Croisades ne relèvent plus de l'hagiographie dont elles furent longtemps l'objet ni ne méritent la diabolisation actuelle : comme tous les événements historiques, l'ambivalence les caractérise. Ce fut une épopée dont les acteurs ont aussi manifesté générosité et héroïsme en dépit des atrocités qui l'accompagnèrent, comme lors de la prise de Jérusalem où l'on nous rapporte que les chevaux pataugeaient dans le sang jusqu'à hauteur du poitrail. Le problème est différent s'il s'agit de juger moralement les événements contemporains puisque nous pouvons user des critères qui nous sont familiers et que nous utilisons ordinairement. La différence est autre : la difficulté vient de notre propre implication.

F. Azouvi – Gaston Bachelard, à propos de la physique, parlait de « connaissance approchée ».

Reprendriez-vous à votre compte cette formule pour l'histoire ?

R. Rémond – La formule me paraît appropriée, car l'histoire ne procède effectivement que par approximations. Elle appréhende une matière complexe et mouvante, rétive au principe de non-contradiction. Chaque chose est vraie, comme son contraire, mais dans des proportions variables. Dans la réalité historique, on trouve toujours de quoi justifier des affirmations contradictoires. L'important est de les pondérer. La mesure de l'importance d'un événement se fait aussi en fonction de sa postérité. Par exemple, si certains historiens se sont intéressés au babouvisme, c'est parce qu'ils y ont vu l'ancêtre des bolcheviques et de la révolution de 1917.

F. Azouvi – D'un autre côté, le risque est de plaquer sur l'étude de Babeuf la connaissance de sa descendance…

R. Rémond – … et d'y voir en effet un pré-Lénine. L'histoire est souvent un jeu de miroirs. La chose est particulièrement manifeste pour les révolutions : leur perception s'éclaire par la comparaison, mais le risque est grand qu'elles se déforment les unes les autres. Ainsi, une génération d'historiens français admirateurs de notre Révolution a lu la Révolution soviétique à travers le souvenir de notre propre histoire et réciproquement la sympathie pour le communisme en a conduit d'autres à une lecture sélective de la Révolution française. Les adversaires aussi ont été victimes de ces rapprochements : ils ont vu dans le rôle des Jacobins une anticipation du totalitarisme. Ce qui n'est pas faux, mais à condition de faire des distinctions et d'apporter des nuances. Aussi la formule « connaissance approchée » me convient : elle rend bien compte de la démarche de l'historien qui affirme tour à tour une chose et son contraire dans des proportions évidemment variables.

F. Azouvi – C'est là où joue ce que vous appeliez le sixième sens de l'historien…

R. Rémond – Oui, cette sensibilité n'est pas indifférente à la façon d'appréhender l'histoire. Cette éducation d'un sixième sens est peut-être ce que la fréquentation de l'histoire apporte d'irremplaçable. C'est aussi la justification de la place qu'elle tient dans la formation d'élèves et d'étudiants qui ne se destinaient pas à faire de l'histoire leur métier. L'histoire prépare à discerner dans une situation donnée les contraintes et les possibilités, l'héritage et les innovations. Cet apprentissage est aussi nécessaire aux chefs d'entreprise et aux politiques qu'à tout citoyen. Permettez un souvenir personnel : j'ai pendant des décennies commenté en direct et à chaud les résultats de toutes les élections. Plus d'une fois, j'ai demandé à mes amis et confrères journalistes, engagés dans la même tâche, en quoi je pouvais leur être utile alors qu'ils connaissaient aussi bien que moi le paysage politique. Leur réponse comportait généralement deux énoncés. D'une part, votre parole est libre et vous pouvez dire des choses que nous reprenons à notre tour. D'autre part, vous introduisez le paramètre de la durée qui permet de discerner ce qui est continuité et d'identifier la nouveauté. C'est cela probablement le propre de l'histoire que cette perception différentielle.

F. Azouvi – Tout ce que vous dites est un plaidoyer pour la contingence de l'histoire, un peu à la façon de Raymond Aron.

R. Rémond – La part, considérable, de la contingence s'explique par la multiplicité des variables. Peut-être n'avons-nous le sentiment de la contingence que parce que notre esprit ne peut pas saisir tous les paramètres. Les maîtriserait-il tous, il resterait à les hiérarchiser. C'est dans la pondération entre eux que s'établit sans doute la différence entre les explications les plus pertinentes et celles qui ne le sont pas.

F. Azouvi – Pondération qui est sans doute particulièrement difficile dans le cas de l'histoire du temps présent : car là l'historien est aussi le contemporain des événements qu'il relate et l'histoire se mêle avec la mémoire. Faut-il dire que la seconde contamine la première ?

R. Rémond – C'est bien ainsi que la chose apparaissait aux historiens d'autrefois, l'absence de distance critique justifiant de ne pas s'occuper du présent : ils pensaient que l'éloignement dans le temps garantirait leur objectivité. Nous avons appris depuis que l'écoulement du temps ne suffit pas. À l'inverse, il n'est pas impossible d'exercer sur le contemporain la même rigueur critique que sur les temps révolus. Le risque serait plutôt de majorer sa propre expérience et d'ériger sa mémoire particulière en histoire générale. Par exemple, combien de collègues n'ai-je pas vus porter un jugement sur les événements de Mai 1968 à travers les options de leurs enfants ! Si la contemporanéité comporte un risque de complaisance, à l'inverse avoir vécu un événement, être détenteur d'une tradition orale, comporte aussi un avantage inappréciable en permettant de pénétrer plus avant dans l'intelligence des comportements et de restituer à la contingence toute son importance. L'historien qui travaille sur une période éloignée est toujours tenté d'introduire dans l'enchaînement des faits un excès de rationalité : ayant sur les acteurs du temps la supériorité de connaître la suite, il est tenté de remonter des actes aux intentions et d'expliquer l'avant par l'après. Or rien n'est plus contraire à une démarche scientifique : outre que les intentions ne produisent pas toujours les effets escomptés, il s'en faut que tous les faits aient été voulus et prémédités.

F. Azouvi – Contrairement à une idée reçue, l'historien du temps présent, grâce à cette référence mémorielle, serait donc mieux armé que l'historien des temps anciens ?

R. Rémond – Oui, s'il est fidèle aux exigences de la vérité, il rétablira la contingence. Par exemple, l'homme de la rue sait bien que le 11 septembre 2001 a introduit dans l'histoire une rupture qui n'était pas prévisible et qui est irréversible.

IV

Les politiques de la reconnaissance

F. Azouvi – Les lois mémorielles constituent une exception par rapport au droit général, lequel s'efforce au contraire de faire intervenir l'usure du temps sous les espèces de l'amnistie. Le crime contre l'humanité, imprescriptible, signifie que le temps ne travaille plus, ou plus exactement que les délits commis ne sont pas susceptibles de transformation même si, à la limite, les individus qui les ont commis ont changé.

R. Rémond – L'idée d'effacer une partie du passé est aussi ancienne que les sociétés. C'est le contraire même du devoir de mémoire. La procédure de l'amnistie pose, elle aussi, des problèmes aux historiens puisqu'elle leur interdit de faire mention des faits concernés. Une des premières circonstances qui a fait éclater la contradiction entre la décision des politiques et le devoir des historiens est, à ma connaissance, dans les années

1960, la publication par Michèle Cotta de l'ouvrage qu'elle avait tiré de sa thèse que je dirigeais sur la collaboration : cet ouvrage sur la presse collaborationniste, publié dans la collection « Kiosque », évoquait entre autres l'activité, sous l'Occupation, d'un journaliste qui avait bénéficié des lois d'amnistie ; il lui a intenté un procès, qu'elle a gagné, le tribunal ayant estimé que la recherche historique devait avoir le pas sur toute autre considération.

F. Azouvi – La chose est compliquée si l'on veut évoquer des affaires amnistiées, car il faut prouver que l'on n'est pas animé de l'intention de nuire.

R. Rémond – De fait entre en jeu la considération de l'intentionnalité qui introduit une large part d'appréciation : c'est le problème de la diffamation dont la jurisprudence est complexe et l'issue souvent incertaine. Voilà un cas manifeste de contradiction objective entre l'application de la loi et l'établissement de la vérité historique : comment faire l'histoire si l'on doit passer sous silence une partie de celle-ci et en taisant des noms ? Imaginons un instant seulement que le Parlement ait décidé d'amnistier le maréchal Pétain. Nous ne pourrions plus étudier Vichy ? L'imprescriptibilité préserve au contraire toute la possibilité d'évoquer l'histoire : c'est même l'interdiction de l'oubli qui est érigée en impératif éthique.

F. Azouvi – Une note de travail que vous avez bien voulu me montrer propose, au cas où l'on ne voudrait pas abroger la loi Gayssot, de la « réduire au but qu'elle poursuivait : la répression de l'antisémitisme ». Il suffirait, dit cette note, d'ajouter quelques mots et de parler de la « contestation » des jugements de Nuremberg « à des fins racistes ou antisémites. Seuls les négationnistes, dont les intentions ne sont jamais dissimulées, tomberaient alors sous le coup de la loi ; et personne ne songerait plus à obtenir l'extension de cette loi au bénéfice de sa communauté et au détriment des historiens ». Cela vous paraît-il pertinent ?

R. Rémond – Notre droit prend effectivement en compte l'intention présumée. Sa détermination reste cependant aléatoire, à charge aussi bien qu'à décharge, mais elle laisse le champ libre aux chercheurs de bonne foi. Si on avait introduit dans les lois mémorielles la considération de l'intention, le grand orientaliste qu'est Bernard Lewis n'aurait pas été condamné pour avoir simplement rappelé que nous ne disposons pas de la preuve décisive que le massacre des Arméniens a bien été un génocide, et la France se serait épargné une occasion de se déconsidérer. Sa démarche respectait les exigences de la méthode critique et ne faisait qu'émettre un doute sur un sujet non tranché. Avec la loi sur le génocide arménien, le doute est devenu délictueux alors qu'il constitue la base de toute démarche intellectuelle. La condamnation de Bernard Lewis révèle la nocivité du mécanisme induit par l'adoption d'une loi là où aurait suffi une déclaration de principe.

Bien que nos interlocuteurs politiques nous aient donné à entendre qu'aucune loi ne serait abrogée, si ce n'est l'article 4 de la loi du 23 février 2005 reconnaissant un « rôle positif » à la présence française outre-mer, nous pouvons espérer que notre initiative portera un coup d'arrêt à ce processus. Mais on ne nous a pas caché que le règlement de l'Assemblée tel qu'il est ne peut garantir qu'un député n'introduira pas subrepticement un amendement qui sera adopté à la sauvette dans l'inattention générale.

F. Azouvi – Charmante perspective pour les historiens ! Il y a là décidément quelque chose de très étrange, propre à notre pays. Nous l'avons dit en commençant, c'est presque une spécificité française. Comment comprendre une pareille prolifération ?

R. Rémond – Elle est déroutante car, si de nombreux négationnistes sont actifs en Angleterre et aux États-Unis aussi, cela n'a pas eu d'effet sur la législation. Chacune de nos lois mémorielles a son explication propre. Pour le génocide arménien, elle est simple : la France a été terre d'accueil. Il ne s'agit donc pas de réparation ou de repentance. La France peut au contraire tirer quelque fierté d'avoir bien accueilli les Arméniens dont l'intégration s'est heureusement effectuée. Ils ont trouvé leur place dans la société et ne constituent pas un problème, à la différence de ceux qui s'appellent les indigènes de la République. Aussi leurs demandes ne mettaient-elles pas en cause la responsabilité de la France, mais ils entendaient obtenir la condamnation de la Turquie et, pour ce faire, ils ont exercé une pression sur leurs élus. C'est un exemple entre autres de l'action d'une minorité qui entend faire reprendre par la nation entière sa mémoire particulière.

Le cas de la loi Gayssot est évidemment tout différent. Elle est dictée par un sentiment de culpabilité lié au régime de Vichy. Aucun autre pays occupé par les Allemands n'avait un gouvernement, mais seulement une administration. La complicité de la France est donc davantage engagée. La loi Gayssot donne satisfaction au vœu de la communauté juive de voir reconnaître la participation de l'appareil administratif à la persécution et condamner ses auteurs. La loi dite Taubira et celle du 23 février 2005 nous renvoient au débat sur la colonisation et sa signification historique.

F. Azouvi – Nous retombons sans cesse sur le problème des mémoires singulières. À l'heure de la mondialisation, la promulgation des lois mémorielles s'inscrit dans un contexte historique et culturel qui privilégie les identités communautaires et donne acte à certaines minorités de leur désir de reconnaissance…

R. Rémond – … de leur désir aussi de retrouver leur propre histoire et de la faire reconnaître par la collectivité. Cette aspiration n'est pas totalement négative. Leur revendication ne s'affirme pas délibérément contre l'unité nationale : ces communautés estiment simplement que la collectivité doit reconnaître ses torts. Mais sur le plan juridique, ce processus est éminemment discutable, car il aboutit à une série de lois particulières. À l'encontre du principe qui veut qu'on ne légifère pas sur le particulier, c'est l'amorce du démembrement de la législation. Le risque n'est pas mince que chacune des composantes de la société réclame une loi pour elle : ainsi les protestants pourraient-ils demander réparation pour la révocation de l'édit de Nantes, la guerre des camisards, les pasteurs envoyés aux galères… Et les congrégations religieuses aussi, pour la discrimination dont elles ont été l'objet et leur bannissement au début du XXe siècle. Les communistes ne seraient-ils pas également en droit de réclamer une disposition analogue pour l'emprisonnement de leurs députés pendant la drôle de guerre ? La prolifération de ces législations particulières et l'exaltation de ces mémoires plurielles risquent de conduire à la désintégration de la mémoire nationale.

F. Azouvi – En deçà du problème juridique de la promulgation de lois, nous nous trouvons face à la question plus vaste de la demande de reconnaissance des minorités et de la constitution des identités particulières, qu'elles soient ethniques, politiques ou sexuelles. Comment analysez-vous ce mouvement mondial, lancé aux États-Unis, de la construction identitaire des minorités ?

R. Rémond – Ce mouvement, qui est profond et assez général, est en contradiction avec notre culture politique héritée de la Révolution. L'Ancien Régime s'accommodait assez bien de la diversité, sauf en matière religieuse, où elle était flétrie comme dissidence : l'exclusion des minorités confessionnelles répondait aussi à une exigence proprement politique, ceux qui ne partageaient pas la foi commune étant considérés comme de mauvais sujets. Avec la Révolution, il n'est plus question de fonder l'unité de la nation sur l'adhésion à une même foi, mais l'exigence d'unité n'est pas moins forte : la Révolution l'a seulement sécularisée. Pour les révolutionnaires, l'unité est un impératif. Elle est indissociable de la République définie comme « une et indivisible ». La diversité est, elle, réputée pernicieuse et soupçonnée d'être survivance de la féodalité. Cette conception conduit à ignorer la société civile et ses différences. La société politique repose sur le tête-à-tête entre l'État et le citoyen. Entre eux, rien d'autre et surtout pas ce que l'on appelait sous l'Ancien Régime les puissances secondes : la Révolution supprime tous les corps intermédiaires, corporations, universités, académies ! Ils sont doublement suspects : ils font obstacle à l'intervention de l'État et ils restreignent les libertés individuelles. La société politique ne prend pas en compte les particularités concrètes qui différencient les individus. Les républicains de la IIIe République s'inscrivent dans cette tradition : c'est elle que défendent aujourd'hui avec conviction un Jean-Pierre Chevènement ou un Alain Finkielkraut. Cette conception qui associe République et unité, démocratie et laïcité a modelé nos institutions et façonné notre culture politique. C'est elle qui s'oppose à ce qu'on appelle la discrimination positive qui prendrait en considération la différence des situations et tend à substituer l'équité à l'égalité. Cette acceptation de la diversité fraye la voie à la reconnaissance de communautés.

F. Azouvi – Mais ces revendications ne sont cependant pas de même nature que la revendication des identités ethniques ou sexuelles auxquelles je pensais...

R. Rémond – Il y a néanmoins entre elles toutes une certaine convergence. De surcroît, ce mouvement est en harmonie avec une tendance historiographique à donner la parole aux oubliés de l'histoire et à rétablir l'équilibre entre les élites et les masses : histoire du monde ouvrier, histoire des femmes, histoire de toutes les minorités.

F. Azouvi – Vous y semblez favorable.

R. Rémond – La vision unitaire en partie héritée de Rousseau était par trop réductrice. Elle avait sa grandeur, elle a eu des effets heureux, mais elle méconnaissait une partie de la réalité en dissolvant la société civile dans la société politique. Aujourd'hui, les politiques reconnaissent celle-là jusqu'à introduire, comme Michel Rocard en 1988, certains de ses représentants dans le gouvernement. Initiative surprenante car la société tout entière est représentée par les élus de la nation : juger nécessaire de faire entrer dans le gouvernement quelques représentants non politiques au titre de la société civile, c'est avouer que la classe politique ne représente pas complètement le peuple français !

La démocratie qui s'identifiait naguère à l'unité se définit tout autant aujourd'hui par la pluralité. Le pluralisme est même tenu pour un attribut essentiel et un critère de la réalité de la démocratie.

F. Azouvi – À quel moment cette reconnaissance légitime de la diversité est-elle devenue néfaste ? Aux États-Unis, le politiquement correct s'est traduit par un morcellement du savoir, l'instauration de quotas dans les programmes et un choix biaisé en ce qui concerne le recrutement des enseignants.

R. Rémond – Le processus devient dangereux quand l'attachement à la particularité prend le pas sur l'adhésion à la généralité et devient un obstacle à l'ouverture sur l'universel. L'entrée des provinces dans l'unité nationale a été une chance pour les individus de s'ouvrir sur le monde. Le retour aux particularismes serait une régression. On peut souhaiter légitimement que les écoliers de Bretagne ou du Pays basque connaissent leur langue régionale. Mais si celle-ci les empêchait de bien parler le français, ce serait tourner le dos à l'histoire et compromettre la promotion des personnes. Ce n'est pas la connaissance du breton qui aidera à trouver un emploi et je me demande si les titulaires d'un diplôme de langue corse délivré par l'université de Corte trouvent facilement à se placer. Le retour aux communautés particulières au détriment de l'ouverture sur les grands ensembles, nation, Europe, serait pour les individus comme pour les collectivités une perte sans contrepartie. La volonté d'imposer l'identité nationale a pu dans le passé prendre des formes outrancières : elle a efficacement contribué à l'effacement des dialectes locaux.

F. Azouvi – Parfois avec violence…

R. Rémond – Oui, mais depuis, on s'est rendu compte que leur maintien était légitime et ne portait pas forcément atteinte à l'unité nationale.

F. Azouvi – La décentralisation, si difficilement introduite dans notre pays, fait partie de ce même tableau.

R. Rémond – Elle me paraît heureuse et venir à point. Le pouvoir central n'est désormais plus seul, il a des interlocuteurs qu'il émancipe progressivement. Il traite avec les chambres de commerce et les syndicats ; les universités s'autonomisent. Ce mouvement a radicalement modifié notre regard sur les régions, qui cessent d'être assimilées à un vestige de l'Ancien Régime. Dès lors que l'État rétrocède une partie de ses pouvoirs aux collectivités territoriales, il accepte qu'elles aient des pratiques différentes. À vrai dire, c'était déjà le cas ici ou là, ainsi en Alsace. La décentralisation permet d'aller plus loin dans la diversification sans compromettre l'unité nationale. Il convient d'affirmer à la fois l'une et l'autre.

F. Azouvi – La France n'est peut-être pas le pays le mieux préparé pour régler cette articulation. La Grande-Bretagne semble davantage prête.

R. Rémond – Oui, car notre tradition est profondément unitaire. Le jacobinisme en est l'expression politique, même si nombre de non-jacobins partagent cette aspiration. Elle a en partie inspiré notre politique coloniale : à la différence des Anglais, qui superposaient leur domination sur les pratiques locales coutumières, notre politique tendait à unifier les colonisés. On l'oublie souvent, mais le régime colonial s'inspirait de la volonté de faire à terme des indigènes des citoyens. Ce ne fut jamais le cas dans l'Empire britannique.

F. Azouvi – La solution française vous paraît avoir été préférable ?

R. Rémond – Elle avait assurément sa grandeur. La mémoire est facilement oublieuse et pour un peu aujourd'hui on penserait que nous avons toujours brimé les Noirs, alors que l'esclavage a été aboli depuis plus d'un siècle et demi et que les habitants des vieilles colonies sont citoyens depuis des générations. La Constitution de 1946 faisait élire par les indigènes des députés qui siégeaient à l'Assemblée nationale. Certains sont même devenus ministres. Houphouët-Boigny a participé à l'élaboration de la Constitution de 1958 et le président du Sénat, deuxième personnage de l'État, a été un quart de siècle un Guyanais en la personne de Gaston Monnerville. Léopold Sédar Senghor, ce petit paysan sérère, est devenu député, ministre, académicien ! Il y a eu une volonté sincère d'association mais qui n'a peut-être pas assez tenu compte des différences historiques et culturelles, ce qui explique aujourd'hui la revendication de ces peuples. À cet héritage culturel vaudrait-il mieux substituer des pratiques anglo-saxonnes ? Je n'en suis pas certain.

F. Azouvi – Faites-vous partie de ceux qui estiment qu'une dose de multiculturalisme serait souhaitable dans la société française ?

R. Rémond – Je suis réservé car, dans le cas de la France, l'unité nationale est fondée sur la culture (une langue, une histoire, un régime juridique), et non pas sur l'ethnie. Ethniquement, la France est composite depuis longtemps, mais le multiethnicisme n'implique pas le multiculturalisme ; les deux concepts ne se recouvrent pas, et l'on a trop souvent inféré de l'un à l'autre. Il est vrai que l'intégration demande aux descendants des colonisés plus d'efforts qu'aux Français de souche, mais un Senghor montre que c'est tout à fait possible.

Je préside des jurys d'admission à Sciences Po des lycéens qui nous viennent des zones d'éducation prioritaire. Je suis souvent admiratif de la réussite de Maghrébins, d'Africains qui paraissent s'inscrire sans trop de peine dans une double culture. Ils connaissent leurs origines, y sont attachés, gardent un lien avec leur ancienne patrie, y retournent de temps à autre, mais se sentent aussi français à part entière et citoyens de plein droit. J'ai souvent regretté que des politiques ou des journalistes n'assistent pas à ces séances : cela tempérerait leurs propos et leur ferait comprendre que la situation n'est pas aussi simple que l'on croit.

F. Azouvi – De nombreuses études montrent d'ailleurs que l'intégration, notamment des Nord-Africains, est beaucoup plus avancée que ne le pense l'opinion publique, au vu des événements qui défraient la chronique.

R. Rémond – C'est aussi mon sentiment, mais il est difficile à démontrer : nous manquons de statistiques. Le processus d'intégration continue de fonctionner, mais plus difficilement qu'autrefois car les effectifs à absorber sont bien plus importants. Plus les immigrés sont nombreux, plus leur intégration est complexe, car eux aussi sont alors tentés de se regrouper en communautés.

Deux processus sont à l'œuvre concurremment : l'assimilation des enfants d'immigrés, qui deviennent français sans rompre pour autant avec leurs origines, et la tendance à reconstituer des ghettos dans notre société. Je ne saurais dire lequel prime à l'heure actuelle. Cela dépend aussi des lieux : le problème paraît particulièrement critique en Seine-Saint-Denis. Le sort n'est pas joué : il dépend pour beaucoup du comportement des individus, de la politique générale et de l'acceptation par la communauté nationale d'un minimum de diversité. L'alignement inconditionnel sur un modèle français *ne varietur* est utopique.

La présence de l'islam fait toutefois question. La prépondérance de l'appartenance nationale sur les communautés particulières exige que la loi soit la même pour tous. La tradition républicaine a raison sur ce point : il ne saurait y avoir de statuts personnels différents et moins encore des comportements qui iraient à l'encontre de notre tradition juridique. L'égalité entre l'homme et la femme n'est pas négociable. C'est pourquoi j'aurais de beaucoup préféré que le législateur s'intéresse aux mariages contraints plutôt qu'au port du voile. À mon sens, celui-ci ne remettait pas fondamentalement en cause l'ordre républicain, alors que si une partie des femmes vivant en France ne choisit pas librement son partenaire, cela porte une atteinte grave à l'identité nationale. Or, historiquement, l'islam a été lié à un ensemble de coutumes et de pratiques dont certaines contraires aux libertés : aujourd'hui encore, des parents interdisent à leurs filles de poursuivre leurs études et entendent choisir leur époux. L'acceptation de la diversité ne peut aller jusqu'à tolérer ces pratiques qui menacent l'exercice des libertés personnelles. La question est cruciale à propos de la polygamie : un Français de souche convaincu de bigamie est condamné par les tribunaux et un Français de confession musulmane pourrait avoir quatre femmes ? Ce serait la décomposition de la société.

F. Azouvi – Leur tolérance produirait une sorte d'extraterritorialité.

R. Rémond – Oui, c'était possible outre-mer, avec le régime colonial. L'accepter dans l'Hexagone serait rétablir l'indigénat, mais en France cette fois.

V

Mémoire, histoire

F. Azouvi – Vous avez vu à la télévision un débat qui intéresse notre sujet, au cours duquel a surgi la question qui traverse toute notre controverse : « Qui a qualité pour établir la vérité en histoire ? »

R. Rémond – Les politiques étaient représentés par Christiane Taubira et Patrick Devedjian. Ce dernier reprochait aux historiens et leurs divisions, et leur retard : à l'entendre, il aurait fallu attendre les travaux de François Furet pour établir après plus de deux cents ans la vérité sur la Révolution française. J'ai été surpris que l'un et l'autre aient paru considérer comme allant de soi que le fait d'avoir été élu par le peuple souverain et d'appartenir à la représentation nationale les qualifie pour se prononcer en histoire, comme si le mandat qui leur avait été confié leur conférait *ipso facto* une compétence universelle : la vérité politique étant définie par la majorité des élus, pourquoi n'en irait-il pas de même pour les jugements sur le passé ? Ce serait tenir pour rien la compétence qui n'est acquise que par le travail et la conformité aux exigences scientifiques. La question est d'importance. Elle est épistémologique et concerne directement les conditions dans lesquelles s'établit la vérité en histoire.

Quand, à l'invitation du président de la République, le Premier ministre a saisi le Conseil constitutionnel sur la validité d'un alinéa de l'article 4 de la loi du 23 février 2005 en vue de son déclassement éventuel, j'ai espéré que, conformément à son habitude, lorsqu'il est consulté sur un texte, de regarder l'ensemble, le Conseil constitutionnel serait amené à donner un avis sur les lois mémorielles en tant que telles et que, sans aller jusqu'à décréter qui est qualifié pour dire la vérité en histoire, il tracerait les limites du champ d'intervention des parlementaires. À cet égard, mon attente a été déçue. En revanche, elle a été satisfaite par le retrait de la plainte déposée par le collectif antillais contre Olivier Pétré-Grenouilleau. L'objet immédiat de notre action était atteint puisqu'elle se proposait en premier lieu d'apporter notre soutien à notre collègue. J'ai été plus satisfait encore par les attendus énoncés par le président de ce collectif pour expliquer la décision de retrait : « Depuis décembre 2005 [notre pétition date du 12 décembre], l'émotion de la classe politique, l'hostilité des médias nationaux et de l'intelligentsia [pétitions de dix-neuf historiens parmi les plus célèbres et de cinq cents cinquante autres historiens] ne permettaient plus de se faire entendre. Le collectif DOM ne peut se trouver en opposition avec toute l'intelligentsia et les décideurs, risquer de perdre sa crédibilité et voir opposer les originaires d'outre-mer aux autres Français. »

F. Azouvi – La remarque de Patrick Devedjian montre qu'il est hautement souhaitable que les politiques ne se mêlent pas d'histoire ! J'admire les travaux de Furet plus que quiconque, mais il est absurde de prétendre qu'il a fallu les attendre pour savoir ce qui s'était passé en 1789.

R. Rémond – On se souvient peut-être qu'au lendemain de la victoire de la gauche, en 1981, André Laignel, qui appartenait à la majorité socialiste, s'était écrié à l'adresse de l'opposition : « Vous avez tort juridiquement parce que vous êtes minoritaires politiquement. » C'était considérer que, tout étant politique, la décision politique est souveraine dans tous les domaines et n'a pas à prendre en considération d'autres données objectives. Comme si la légitimité démocratique conférait une compétence disciplinaire. On n'attend pas des parlementaires qu'ils se prononcent sur les lois de la pression des gaz ou sur la dérive des continents. Aussi bien les pouvoirs publics reconnaissaient-ils les limites de leur intervention quand ils créaient par exemple un conseil consultatif de bioéthique pour éclairer la décision sur des questions dont la complexité et la technicité les déconcertent : pourquoi en irait-il autrement quand il s'agit d'établir la véracité d'un fait historique ou de déchiffrer sa signification ? S'il est naturel et estimable qu'ils définissent leurs relations personnelles avec le passé et même qu'ils s'en inspirent pour prendre position, les élus n'ont pas pour autant le droit de proclamer l'histoire. Ce serait confondre la mémoire et l'histoire.

F. Azouvi – Vous avez prononcé le mot « mémoire » et vous l'avez opposé à « histoire ». Le moment est venu de réfléchir à cette polarité, si importante aujourd'hui et qui a fait couler tellement d'encre. À tout seigneur tout honneur : Pierre Nora ouvre *Les Lieux de mémoire* en s'interrogeant sur leur rapport avec notre époque. Pour lui, « le temps des lieux, c'est ce moment précis où un immense capital que nous vivions dans l'intimité d'une mémoire disparaît pour ne plus vivre que sous le regard d'une histoire reconstituée. [...] C'est la déritualisation de notre monde qui fait apparaître la notion. Les lieux de mémoire naissent et vivent du sentiment qu'il n'y pas de mémoire spontanée, qu'il faut créer des archives, qu'il faut maintenir des anniversaires, organiser des célébrations, prononcer des éloges funèbres ». Qu'en pensez-vous ?

R. Rémond – Il est probable en effet que cette déritualisation soit à l'origine de nos angoisses mémorielles. Toute société a besoin de sacré. La nôtre le trouvait dans la référence à une foi partagée ou à des valeurs communes. Or on a aujourd'hui l'impression, à tort ou à raison, que ce ciment de notre communauté a disparu. C'est donc une réaction presque mécanique qui conduit à combler ce vide. C'est sans doute la raison pour laquelle prolifèrent les commémorations.

L'attachement aux souvenirs et aux vestiges du passé est particulièrement fort : en témoigne la sensibilisation à la notion de patrimoine. Cet investissement dans le passé est d'autant plus fort que l'histoire s'accélère : la France s'est davantage transformée dans les trente ou quarante dernières années que dans les cent précédentes. Quand les changements sont presque insensibles, dans une société où l'on vit comme vivaient les aînés, présent et passé se confondent. À l'inverse, les mutations profondes et rapides des modes d'existence sont une cause de trouble et l'on est tenté de se raccrocher au passé avec la crainte de perdre quelque chose de précieux.

F. Azouvi – Je me méfie du sentiment de l'accélération de l'histoire. D'autres que nous ont eu l'impression que leur histoire allait de plus en plus vite, et ils appartiennent à une époque que nous percevons comme extraordinairement stable. Comment donner un contenu objectif à ce sentiment ? Les contemporains ne font pas de bons juges, vous le savez bien.

R. Rémond – Je partage quelque peu votre réserve à l'égard du sentiment que l'histoire s'accélère. Et pourtant la mutation que nous avons connue est bien réelle. Elle est sans doute la plus profonde qu'ait connue notre société. Ainsi, jusqu'à la Seconde Guerre mondiale, la France restait encore proche de ses origines rurales : c'était presque une majorité qui vivait à la campagne et même du travail de la terre. Surtout, les Français étaient attachés à la stabilité et redoutaient des changements trop rapides, qui auraient remis en cause des équilibres que nous inclinions à penser proches de la perfection. On avait expliqué la crise américaine de 1929 par l'excessive rapidité de changements effrénés aux États-Unis. Le traumatisme causé par la défaite de 1940 et la prise de conscience du retard de la France ont, à partir du milieu des années 1950, radicalement modifié notre système de valeurs : la connotation du changement s'est faite positive et la croissance est devenue l'objectif de toute notre économie. Dès lors, le changement est devenu un mot d'ordre de toutes les forces politiques : c'est le général de Gaulle qui constatait que le temps était révolu des lampes à huile et de la navigation à voile et qui invitait la France à épouser son temps; conduire le changement était le mot d'ordre donné à sa campagne électorale par Valéry Giscard d'Estaing en 1974 et, en 1981, les socialistes n'ambitionnaient rien moins que changer la vie. Le rapport ville-campagne a été bouleversé : entre 1960 et 1980, quelque vingt millions de Français ont changé de mode de vie et sont passés des villages et des bourgs aux grands ensembles des périphéries urbaines. Dans cette mutation, le progrès des technologies et la mondialisation ont joué un rôle déterminant. Cette dernière a nourri la crainte que ne s'efface ce que nous avons de plus précieux : notre identité. D'où le retour vers le passé et la recherche de lieux de mémoire.

F. Azouvi – En somme, si je vous comprends bien, l'impératif du changement produit le besoin de réactiver l'instance mémorielle. La question du rapport entre la mémoire et l'histoire s'impose donc. Comment concevez-vous leur articulation ? J'ai cité, il y a un instant, Pierre Nora ; je voudrais maintenant citer Ricœur, qui écrivait : « La mémoire est la matrice de l'histoire, dans la mesure où la mémoire reste la gardienne de la problématique du rapport représentatif du présent au passé. » Estimez-vous également que la mémoire soit la matrice de l'histoire ?

R. Rémond – J'avoue très simplement avoir quelque difficulté à entrer dans la distinction conceptuelle entre mémoire et histoire, tant les deux s'enchevêtrent. Mais la controverse actuelle m'aide à percevoir ce qui les différencie et même les oppose. La mémoire est spontanée et s'impose comme une évidence. L'histoire est une construction qui procède d'un travail méthodique. La mémoire ne peut prétendre être la vérité historique et pourtant, en raison du lien affectif qui l'unit à ses porteurs, elle tend à s'ériger en absolu. Ce qui explique que les acteurs ou les témoins d'un événement ne se reconnaissent que rarement dans le récit qu'en font les historiens.

F. Azouvi – Diriez-vous, pour reprendre un propos fameux, que l'histoire est la mémoire de l'humanité ?

R. Rémond – Oui, puisque les contemporains de la plupart des événements dont parle l'historien ont trépassé depuis longtemps : nous n'avons pas d'autre mémoire de la guerre du Péloponnèse que le récit de Thucydide. La tradition orale ayant disparu, il n'y a plus d'autre mode de transmission. Cet effacement avec le temps de la mémoire ne supprime pas la tension entre elle et l'histoire. À preuve, l'initiative du collectif qui a porté plainte contre l'auteur de l'histoire des traites négrières :

il rejette l'histoire écrite par lui car elle diffère de sa propre mémoire.

F. Azouvi – C'est ce que Ricœur appelle « la revendication de la mémoire contre l'histoire ».

R. Rémond – C'en est un exemple typique. Il donne un contenu concret à la distinction conceptuelle entre mémoire et histoire. La mémoire récuse l'histoire et en intervenant pour dire l'histoire le Parlement donne raison à la mémoire, confondant les deux notions.

F. Azouvi – Vous disiez que l'histoire est construite, la mémoire spontanée. Une autre opposition les gouverne : l'histoire prétend à la généralité, la mémoire est nécessairement particulière.

R. Rémond – La mémoire est partielle, elle est celle d'un groupe, alors que l'histoire tend à être générale. C'est, soit dit en passant, ce qu'il y a de contestable dans la plupart des lois mémorielles qui tendent à ériger une mémoire particulière dictée ou imposée par une faction en vérité historique pour la communauté nationale ou pour l'humanité. Il arrive même qu'une de ces mémoires prétende se substituer à l'histoire et ce faisant efface les autres.

F. Azouvi – Au nom de l'injonction du « devoir de mémoire ». La formule elle-même, à l'impératif, est bien intéressante. Nous y sommes maintenant tellement habitués…

R. Rémond – L'accoutumance ne doit pas faire perdre de vue ce que l'expression a de déconcertant : assurément nos ancêtres ne l'auraient pas comprise. La mémoire est une fonction naturelle ; l'ériger en impératif, en faire un devoir moral fait de l'oubli une faute. Or l'oubli, nos sociétés s'en accommodaient fort bien et c'est de lui qu'elles faisaient parfois un devoir. Nous avons évoqué le phénomène de l'amnistie : le préambule de l'édit de Nantes promulgué par Henri IV interdisait, sous peine de sanctions, d'évoquer ce qui avait antérieurement divisé les Français. Il ordonnait l'oubli. C'était le prix de la restauration de la paix civile.

F. Azouvi – C'est vrai, mais il est vrai aussi que le devoir de mémoire s'adosse tout de même à la formule biblique : « Tu te souviendras. » On ne peut pas négliger le fait que ce devoir a été instauré pour répondre à l'indicible malheur de la Shoah, à l'absence de sépulture des morts, à la disparition en fumée des cadavres.

R. Rémond – En effet, l'évidence de ce devoir s'est imposée à propos d'un crime monstrueux et c'est lui qui a engendré cette novation juridique, l'imprescriptibilité des crimes contre l'humanité. Nous sommes, une fois de plus, confrontés au caractère exceptionnel de la persécution des Juifs. Le devoir de mémoire est d'abord un devoir de piété à l'intention des victimes.

F. Azouvi – Et comporte donc bien une dimension religieuse.

R. Rémond – Oui, ainsi qu'une vertu pédagogique. Il importe de ne pas oublier ce dont l'homme a été capable, pour en éviter la réitération. Avec le devoir de mémoire, nous ne sommes pas dans le registre de la connaissance, mais dans celui de l'émotionnel, de l'éthique et du civique.

F. Azouvi – Une polémique particulièrement injuste a reproché à Ricœur, pourtant insoupçonnable sur le plan de la relation aux Juifs, d'avoir utilisé la formule : « Trop de mémoire ici, trop d'oubli là. » Il était frappé par l'abus de mémoire, notamment dans le retour des nationalismes de l'ex-Yougoslavie. Il semble en effet que la mémoire se boursoufle, ici et là…

R. Rémond – … et engendre des effets pervers ! Les tenants du devoir de mémoire en attendent des effets essentiellement positifs, mais le sempiternel rappel du passé peut aussi avoir des conséquences négatives. Il peut raviver les vieux ressentiments comme on l'a vu dans l'Europe des Balkans. Paul Valéry n'avait pas tout à fait tort quand il disait de l'histoire que c'était la plus dangereuse alchimie de l'intellect. Le devoir de mémoire peut aussi diviser la conscience nationale et dresser les groupes les uns contre les autres. Dominique Chagnollaud notait récemment dans *La Croix* que le paragraphe dont on demandait le retrait sur la colonisation comporte d'autres alinéas également discutables parce que allant contre le principe d'égalité entre tous les citoyens : par exemple, les dispositions pour indemniser les harkis et leurs enfants, comme celles qui avaient été prises en faveur des descendants des seuls déportés raciaux. C'est la multiplication des lois particulières alors qu'on ne doit légiférer que du général. C'est aussi le champ ouvert à une compétition des victimes. Cette surenchère a trouvé son expression dérisoire dans l'animosité du chanteur Dieudonné contre les Juifs dont le malheur a été reconnu, alors que celui des Noirs aurait été jusqu'à présent méconnu.

F. Azouvi – Dérisoire, mais surtout haineuse !

R. Rémond – Le risque est réel de voir les groupes ethniques se dresser les uns contre les autres : ce serait la décomposition du corps social et de la nation.

F. Azouvi – Mais vous maintenez sans hésiter le bien-fondé du devoir de mémoire envers la Shoah.

R. Rémond – Oui, et pour la bonne raison que le dessein criminel nazi a une portée universelle : c'est sur toute l'Europe que les Juifs ont été déportés. Il ne saurait donc y avoir devoir d'oubli, mais à condition aussi de ne pas recentrer toute l'histoire contemporaine sur ce drame. Quant à commémorer l'esclavage et la colonisation, oui, mais à condition de restituer toute la complexité de leur histoire et en particulier du lien entre les deux : s'il est vrai que, sous l'Ancien Régime, le fait colonial a entraîné l'esclavage, le même phénomène au XIXe siècle a contribué à son abolition. La lutte contre l'esclavage a même été quelquefois une justification de la conquête coloniale et pas seulement un prétexte. On se gardera donc d'établir un lien par trop systématique entre colonialisme et esclavage. On fera mémoire de l'ensemble et c'est en tout cas le devoir de l'histoire d'en montrer la complexité. Ainsi la France a-t-elle été tour à tour esclavagiste et abolitionniste. C'est peut-être cela qu'il aurait fallu introduire dans le fameux article 4, alors qu'il paraît arrêter le devoir de mémoire à 1848.

Finalement, n'est-ce pas d'abord à l'enseignement et aux médias d'entretenir la mémoire, sans en faire des articles de loi ?

F. Azouvi – D'autant que, comme nous l'avons dit tout à l'heure, ce que le sociologue Maurice Halbwachs appelait les « cadres sociaux de la mémoire », dans des sociétés encore fortement traditionnelles, a plutôt tendance à se désagréger dans nos sociétés. Ou plutôt à se recomposer tout autrement, certainement de façon beaucoup plus fluide. On a le sentiment à certains égards que ces cadres sont devenus moins contraignants. Est-ce votre sentiment ?

R. Rémond – Je suis tenté à ce sujet de dire des choses un peu contradictoires. D'une part, des pans entiers de l'histoire ont disparu de la mémoire, effacés par l'oubli : nos contemporains ne savent plus grand-chose de la France de l'Ancien Régime ni même de la IIIe République. Mais d'autre part, le passé, on l'a dit, exerce sur notre présent une forte pression, peut-être même plus que sur les générations précédentes. Il continue d'agir dans l'inconscient collectif sur les préjugés et les comportements. Ainsi, on a vu récemment que les sentiments des différents peuples de l'ancienne fédération yougoslave restent aujourd'hui encore largement déterminés par des souvenirs vieux de six ou sept siècles : l'attachement des Serbes à la possession du Kosovo est entretenu par le souvenir de la défaite du Champ des merles qui est contemporaine de la bataille de Poitiers. C'est comme si, dans nos relations avec les Britanniques, nous raisonnions toujours en fonction de Crécy et d'Azincourt. L'Église de Grèce s'est opposée à une visite de Jean-Paul II parce qu'elle n'a pas encore pardonné aux Vénitiens et aux Croisés leur comportement en 1204 lors de la prise de Constantinople. On voit que les sociétés historiques entretiennent des rapports différents avec le passé.

Pour en revenir aux cadres sociaux, la transmission par eux de la mémoire collective se fait moins spontanément, en partie parce que la société a beaucoup changé : l'ouverture sur le monde éclipse la mémoire locale. Dans de petites communautés fermées, à l'intérieur d'une société stable, la tradition se transmet fidèlement de génération en génération. J'avais été frappé, animant en 1962 un séminaire en Côte-d'Ivoire, de constater que la mémoire orale transmise par les griots véhiculait le souvenir d'événements remontant au début du XVIIIe siècle. Le contact était encore maintenu avec un passé éloigné. Depuis, la substitution de l'écriture à la tradition orale, l'ouverture sur le monde ont certainement compromis la transmission de la mémoire et c'est sans doute parce qu'elle est menacée qu'on y est si attaché.

Nous vivons pour l'essentiel dans le temps court. L'actualité l'emporte désormais sur l'historicité. C'est ainsi.

Table

DANS LA MÊME COLLECTION

Marcel Gauchet, La Condition historique, *2003.*

Yves Michaud, L'Art à l'état gazeux, *2003.*

Paul Ricœur, Parcours de la reconnaissance, *2004.*

Jean Lacouture, La Rumeur d'Aquitaine, *2004.*

Nicolas Offenstadt, Le Chemin des Dames, *2004.*

Olivier Roy, La Laïcité face à l'islam, *2005.*

Alain Renaut et Alain Touraine, Un Débat sur la laïcité, *2005.*

Marcela Iacub, Bêtes et victimes et autres chroniques de *Libération, 2005.*

Didier Epelbaum, Pas un mot, pas une ligne ? 1944-1994 : des camps de la mort au génocide rwandais, *2005.*

Henri Atlan et Roger-Pol Droit, Chemins qui mènent ailleurs, dialogues philosophiques, *2005.*

Cet ouvrage a été composé par
IGS-CP à L'Isle-d'Espagnac (Charente)
et achevé d'imprimer en avril 2006
sur presse Cameron
dans les ateliers de ***Bussière***
à Saint-Amand-Montrond (Cher)
pour le compte des Éditions Stock
31, rue de Fleurus, 75006 Paris

Imprimé en France
Dépôt légal : avril 2006.
N° d'édition : 69782. – N° d'impression : 061355/1.
54-07-5919/3
ISBN : 2-234-05919-4